개정판
꿩먹고 알먹는
스웨덴어 첫걸음

변 광 수

꿩 먹고 알 먹는 스웨덴어 첫걸음

개정판 2쇄 인쇄 2024년 5월 29일
개정판 2쇄 발행 2024년 6월 10일

지은이 변광수
펴낸이 서덕일
펴낸곳 도서출판 문예림

출판등록 1962.7.12 (제406-1962-1호)
주소 경기도 파주시 회동길 366 3층 (10881)
전화 (02)499-1281~2 **팩스** (02)499-1283
대표전자우편 info@moonyelim.com **통합홈페이지** www.moonyelim.com
카카오톡 "도서출판 문예림" 검색 후 추가
  문의 사항은 카카오톡 또는 이메일로 말씀해주시면 답변드리겠습니다.

ISBN 978-89-7482-705-2 (13770)

잘못된 책이나 파본은 교환해 드립니다.
본 책은 저작권법에 의해 보호를 받는 저작물이므로 무단 전재와 복제를 금합니다.

스웨덴어 교재를 발간하며

　요즈음 우리나라는 선진국 진입의 국가적 과제를 안고 복지국가 스웨덴의 제도와 문물에 대한 관심이 그 어느 때보다 높아가고 있다. 한국-스웨덴 간의 공식 외교관계는 1959년에 수립되었지만 이미 1950년 한국전쟁 당시부터 스웨덴은 야전병원단을 파견하여 부상자를 치료했고 1953년 휴전협정 조인 이후에는 중립국감시위원단의 일원으로 봉사하며 실질적 관계를 유지해왔다. 더욱이 스웨덴, 노르웨이, 덴마크, 스칸디나비아 3국은 1958-1968년까지 메디칼센터(국립중앙의료원)를 설립 운영하여 전쟁 부상자를 치료하는 한편 한국의료계 발전에도 크게 기여했다.

　최근에는 양국 간의 교역이 크게 증대하여 Volvo를 비롯해 70개의 스웨덴 상사들이 한국에 진출해 있으며 삼성, 현대, LG를 비롯한 한국 상사들도 스웨덴에서 활동하고 있다. 또한 유학생 교류도 활발하여 그 숫자가 날로 늘어가고 있다. 그런데 유학이나 취업 목적으로 스웨덴어를 배우고 싶어도 방법과 길이 마땅치가 않다. 국내에서 유일하게 스웨덴어를 강의하는 한국외대에는 접근이 쉽지 않기에 스웨덴어 초보학습자를 위한 교재를 도서출판 문예림의 요청으로 펴내게 되었다. 국내에 스웨덴어 학습교재가 드문 상황에서 이 책이 독학자들에게 도움이 되길 바란다.

　이 책을 준비하는 작업은 주로 북한산 기슭 언덕에 자리 잡은 평창동의 학산도서관에서 이루어졌다. 공기 맑고 조용하고 깨끗한 시설에 친절한 서비스까지 받아가며 행복하게 집필을 끝냈다. 도서관 관계자 여러분에게 심심한 감사를 드린다.

2012. 10. 1
변 광 수

재판을 내며

　이번 기회에 초판에 잘못된 오자를 바로 잡게 되어 다행이다. 내용상으로는 달라진 것이 없다. 독자들의 건의와 지적을 기대해 본다.

2015. 7. 20
저 자

이 책의 구성에 대하여

이 책은 스웨덴어를 처음 배우는 이들을 위해 만들어진 것으로 총 28과로 구성되었다. 먼저 스웨덴어 알파벳을 소개하고 철자와 발음의 관계를 예를 들어 설명했다. 텍스트는 일상생활에서 일어나는 간단한 대화 중심의 내용으로 시작하여 차츰 정도를 높여 갔다. 외국어 학습에서 가장 어려운 발음에 익숙해질 때까지 제15과까지는 한글로 발음표기를 하였는데 표기방식은 로마자표기법(1986)에 따르지 않고 한글자모를 이용해 스웨덴어 원음에 가장 가깝게 소리 나도록 표기하였다. 예를 들어 bord [buːɖ] 〈부-르드〉와 같은 특이한 발음표기에 대해서는 13쪽 '권설음'에서 설명하였다. 그 밖에 어려운 발음과 문법 설명도 비교적 자세히 덧붙였다. 본문 텍스트 (1~28과)는 한국 외국어대 Carl Johan Ander 교수의 발음으로 녹취하여 CD에 담았다. 자주 청취하여 발음과 억양에 익숙해지기 바란다.

각 과(Lektion)의 구성은 먼저 **본문**을 소개 다음에 관련된 **1)단어 익히기 2)문법공부**를 거쳐 **3)본문번역**, 문법내용을 응용한 **4)연습문제** 등으로 짜여 있다.
끝으로 **부록** 편에는 1)연습문제 해답 2)스웨덴어-한국어 일상 어휘 3)참고서적 4)문법 **사항 찾아보기 5)강변화동사 및 불규칙동사 표 6)단어집** 순서로 정리되어 있다.

따라서 6)단어집을 열어보면 별도의 사전 없이도 이 책의 내용을 공부할 수 있으며, 원어민의 발음으로 본문을 CD에 담아 책 뒷장에 부착했기에 수시로 들어가며 혼자서도 발음연습을 할 수 있다. CD를 통해 발음을 연습할 때 특히 억양의 흐름에 귀 기우려 주기 바란다.

본문의 제1과를 시작하기 전에 반드시 ◎ 명사, 동사, 형용사의 표기규칙(15쪽)을 읽어두어야 한다.

- ▶ 머리말 3
- ▶ 이 책의 구성에 대하여 4
- ▶ 스웨덴어 알파벳과 발음 9
- ▶ 발음 규칙 10

Lektion 1 Vad heter du? 18
　　　　　 이름이 무엇이지요?

Lektion 2 Vem är det? 21
　　　　　 저분은 누구세요?

Lektion 3 Hur mår du? 25
　　　　　 어떻게 지내세요?

Lektion 4 Jag kommer från Korea. 29
　　　　　 저는 한국에서 왔어요.

Lektion 5 Man tackar för allting i Sverige. ... 37
　　　　　 스웨덴에서는 매사에 감사한다.

Lektion 6 Ett rum 41
　　　　　 방 한 칸

| Lektion 7 | I snabbköpet | 46 |

슈퍼마켓에서

Lektion 8   Det ringer på telefonen   53

전화가 울려요.

Lektion 9   Svensson går in på en resebyrå   57

스벤손씨가 여행사로 들어간다

Lektion 10 Vid biblioteket   61

도서관 옆에서

Lektion 11 Karins morfar   66

카린의 외할아버지

Lektion 12 Min dag   73

나의 하루

Lektion 13 Hur mycket är klockan nu?   80

지금 몇 시지요?

Lektion 14 Jag hör på radio.   85

나는 라디오를 들어요.

Lektion 15 Familjen Larsson   89

라르손씨 가족

Lektion 16 Hos tandläkaren ········▶ 93
치과의원에서

Lektion 17 Lindberg köper medicin på ett apotek.▶ 97
린드베리씨가 약국에서 약을 산다.

Lektion 18 Familjen Söderlunds sommarstuga··▶ 103
쇠데르룬드씨 가족의 여름집

Lektion 19 En ondsdagsmorgon ········▶ 108
어느 수요일 아침에

Lektion 20 En hemmaman ········▶ 114
가사 전업 남편

Lektion 21 Andersson blev kär i henne ·····▶ 120
안데르손이 그녀와 사랑에 빠졌다

Lektion 22 Allemansrätten i Sverige ·····▶ 126
스웨덴인의 자연 접근 권리

Lektion 23 Ett brev från Anna-Lena i Lund ····▶ 131
룬드의 안나-레나 한테서 온 편지

Lektion 24 Den svenska sommaren ·······▶ 137
스웨덴의 여름

Lektion 25	Stockholm	144
	스톡홀름	
Lektion 26	Svenskarna och tiden	151
	스웨덴 사람들과 시간	
Lektion 27	Advent, jul och påsk	157
	강림절, 성탄, 부활절	
Lektion 28	Svenska mattraditioner	163
	스웨덴의 식문화 전통	

▶▶▶ 부록 편

1. 연습문제 해답 ················· 170
2. 스웨덴어-한국어 일상생활 어휘 ················· 174
3. 참고서적 ················· 185
4. 문법사항 찾아보기 ················· 186
5. 강변화동사 및 불규칙동사 표 ················· 189
6. 단어집 ················· 193

◆ 스웨덴어 알파벳(Det svenska alfabetet)과 발음 ◆

　스웨덴어(svenska)는 게르만어족의 한 갈래로 영어, 독일어와는 사촌 간, 덴마크어, 노르웨이어와는 형제간의 관계에 있다고 할 수 있다. 문법체계는 독일어보다는 많이 간소화되었으나 영어보다는 좀 복잡한 편이다.
　알파벳은 **로마자 26자**에다 끝으로 **3자(å ä ö)**를 추가하여 모두 **29자**이다. 발음은 철자대로 읽는 것이 원칙이나 예외가 많으니 유의해야 한다. 이 책에서는 각 과의 '단어 익히기'에서 예외적인 발음에 대해 설명을 붙였다.

알파벳		이 름			알파벳		이 름		
A	a	[ɑ:]	아:	Adam	P	p	[pe:]	페:	Peter
B	b	[be:]	베:	Bertil	Q	q	[kʉ:]	퀴:	Qvintus
C	c	[se:]	쎄:	Cesar	R	r	[ær]	애르	Rudolf
D	d	[de:]	데:	David	S	s	[ɛs]	에스	Sigurd
E	e	[e:]	에:	Erik	T	t	[te:]	테:	Tore
F	f	[ɛf]	에프	Filip	U	u	[ʉ:]	위:	Urban
G	g	[ge:]	게:	Gustav	V	v	[ve:]	베:	Viktor
H	h	[ho:]	호:	Harald	W	w	[dubəltve:]	두블베:	Wilhelm
I	i	[i:]	이:	Ivar	X	x	[ɛks]	엑스	Xerxes
J	j	[ji:]	이이	Johan	Y	y	[y:]	위:	Yngve
K	k	[ko:]	코:	Kalle	Z	z	[se:ta]	쎄:타	Zäta
L	l	[ɛl]	엘	Ludvig	Å	å	[o:]	오:	Åke
M	m	[ɛm]	엠	Martin	Ä	ä	[æ:]	애:	Ärlig
N	n	[ɛn]	엔	Niklas	Ö	ö	[ø:]	외:	Östen
O	o	[ɷ:]	우:	Olof					

◈ 발음 규칙 ◈

아래 발음 설명에서는 맨 왼편에 **철자**, 그 다음에 철자가 나타내는 **발음**(음성), **어례** 순서로 진행해 간다. 발음표기에는 장음부호로서 한글에는 <->, 스웨덴어에는 [:]를 사용한다.

1) 모음

모음을 나타내는 글자는 a, e, i, o, u, y, å, ä, ö 9가지이다. 이들 가운데 입안의 앞쪽에서 나오는 **e, i, y, ä, ö** 5개를 **전설모음**, 뒤쪽에서 나오는 **a, o, u, å** 4개를 **후설모음**이라 한다.

a
① 단음 [a]는 우리말의 <아>와 같다. tall [tal] <탈> 소나무,
② 장음 [ɑ:]는 입을 크게 둥글게 벌리고 입안의 목구멍 쪽에서 나는 그윽한 소리다. tal [tɑ:l] <탈-> 말, 연설

e
① 장음 [e:]와 단음 [ɛ]가 있다. Eva [ˊe:v`a] <에바> 여자이름, elva [ˊɛlv`a] <엘바> 열하나.
② e 뒤에 r가 오면 [æ]로 소리 난다. [ɛ]보다 더 낮은 위치에서 난다. Per [pæ:r] <패-르> 남자 이름, herr [hær] <해르> …씨 (Mr.)

o <오>와 <우>의 중간음 이다.
① 장음일 때 <우->에 가깝다. 정식 음성기호는 [ɷ:]이나 편의상 [u:]를 쓴다. bo [bu:] <부-> 살다
② 단음일 때 <오>와 비슷하다.
omkring [ɔmkrˊiŋ] <옴크링> 주변에

u ① 길 때는 <위->와 비슷하다. hus [hʉ:s] <휘-스> 집

② 짧을 때는 <우>와 <으>의 중간 소리이다. 발음기호는 [θ]이나 편의상 [u]로 표기한다. hund [hɵnd]/ [hund] <훈드> 개

y u <위>를 발음할 때보다 입술을 더 둥글게 한다.
ny [ny:] <뉘-> 새로운

å <오->와 같다. gå [go:] <고-> 가다

ä ① <에>와 <애>의 중간 소리이다. ägg [ɛg] <애그> 달걀

② ä 뒤에 r가 오면 [æ]로 소리 난다.
ärad [ˊæːrˋad] <애-라드> 존경하는, affär [af ˊæːr] <아홰-르> 상점

ö ① <외-> '참외'처럼 입을 오므려 발음한다.
öppna [ˊøpnˋa] <외프나> 열다

② ö 뒤에 r 가 오면 입을 더 벌리어 <어>처럼 소리 낸다.
dörr [dœr:] <더르> 문

2) 자음

g ① 전설모음 e, i, y, ä, ö 앞에서, 그리고 어말의 l, r 다음에서는 [j]로 소리 난다. ge [je:] <예-> 주다, berg [bærj] <배르이> 산, älg [ɛlj] <엘리> 북구 큰사슴

② 기타 위치에서는 [g]로 소리 난다. gata [gˊɑːtˋa] <가-따> 거리, Gustav [gˊustˋav] <구스타브> 남자 이름

gn ① 어두에서 [gn] 로 발음한다. gnälla [gnˊɛlˋa] <그낼라> 투덜대다

② 어말에서 [ŋn] 로 발음한다. regn [rɛŋn] <렝느> (내리는) 비

j 독어처럼 [j]로 발음한다.

juni [jʉ:n`i] <유-니> 6월, Jan [jɑ:n] <얀-> 남자 이름

k ① 전설모음 e, i, y, ä, ö 앞에서 [ç]로 발음한다.

Kina [ç´i:n`a] <시-나> 중국, kyrka [ç´yrk`a] <쉬르까> 교회

② 후설모음 a, o, u, 앞에서는 [k]로 소리 난다.

kall [kal] <칼> 추운, kung [kuŋ] <쿵> 왕

3) 자음군

ch 영어 [ʃ]처럼 발음하기도 하고 독어의 [x]<흐>를 얹어서 내기도 한다. 외래어에 많이 나타난다. chef[ʃe:f] <셰-프> 우두머리. 다만 och의 ch는 거의 발음하지 않는다. 강조할 때 [ɔk]<오끄>로, 보통은[o:]<오>로 발음한다. 뜻은 '과(와), 그리고'

dj, gj, hj, lj 어두에서 이들 자음군의 첫 자음은 발음하지 않는다.

djur [jʉ:r] <유-르> 동물

gjorde [´ju:d`e] <유-데> göra(하다)의 과거

ljus [jʉ:s] <유-스> 빛, 초

hjälp [jɛlp] <옐프> 도움

sch, sj, skj, stj 는 영어의 [ʃ]와 비슷하게 소리 난다.

schema [ʃ´e:m`a] <쉐-마> 시간표

sjö [ʃø:] <쉐-> 호수

skjuta [ʃ´ʉ:t`a] <슈-따> 총 쏘다

sk ① 전설모음 e, i, y, ä, ö 앞에서는 [ʃ]로 소리난다.

sked [ʃe:d] <쉐-드> 숟가락

skina [ʃ´i:n`a] <쉬-나> 빛나다

② 후설모음 a, o, u. å 앞에서는 [sk]로 소리 난다.

    skada [skˊɑ:dˋa] <스까-다> 상처 내다

    skola [skˊu:lˋa] <스꿀-라> 학교

4) 권설음

자음군 **rt, rd, rn, rl, rs** 의 발음은 두 자음을 융합하여 혀끝을 잇몸 뒤쪽까지 치켜 올려 발음하는 동시에 **r 음가**는 사라진다. 곧 [ṭ ḍ ṇ ḷ ṣ]로 각각 소리 나며 이들 권설음은 보통자음 [t, d, n, l, s]와 음가가 다르기 때문에 그 차이를 **한글 'ㄹ'**로 표기한다.

    start [staṭ:] <스타ㄹ트> 출발

    bord [bu:ḍ] <부-ㄹ드> 책상

    Andersson [andəṣ:on] <안데ㄹ손> 성씨

    stjärna [ʃˊæ:ṇˋa] <섀ㄹ나> 별

5) 소리의 장단

모음과 자음 양쪽에 장음(긴 소리)와 단음(짧은 소리)가 있지만 실제로는 **장모음**(긴 홀소리)만이 돋들린다.

    mat [mɑ:t] <마-트> 음식   tal [tɑ:l] <탈-> 연설

    matt [mat:] <마트> 기운이 없는   tall [tal:] <탈> 소나무

위 보기에서처럼 모음 다음에 자음이 하나 오면 그 모음은 길고 [mɑ:t], 자음이 2개 오면 그 앞 모음은 짧다 [mat:].

이처럼 모음의 장단은 두 단어 사이의 **의미**를 구별해 주기 때문에 의미상의 혼돈을 예방 하려면 발음 시 **장모음**은 의식적으로 길게 발음해야 한다.

6) 악센트

스웨덴어 악센트는 강세악센트와 고저악센트가 어우러져 있다. **강세악센트**는 영어처럼 한 음절을 다른 음절보다 더 강하게 발음하는 것을 말한다. 한편 **고저악센트**는 2음절 이상의 단어에서 음조가 높아졌다가 낮아지기를 두 번 반복한다. 따라서 이들을 **단음조악센트(악센트 I)**와 **복합음조악센트(악센트 II)**로 구별한다. **악센트 I**은 주로 단음절어와 강세가 어말에 있는 외래어에 나타나고, **악센트 II**는 2음절 이상의 단어에 온다.

발음기호에 악센트 I은 [´]로, 악센트 II는 [´ `]로 각각 표시한다.

악센트 I (단음조)   악센트 II (복합음조)

f o t '발'   f l i c k a '소녀'
[fù:t]   [fl´ik:`a]

e l e v '학생'   s t e n h u s '벽돌집'
[el´e:v]   [st´en h`ʉ:s]

7) 발음표기

스웨덴어는 철자와 발음의 차이가 크지 않아 단어마다 발음기호를 일일이 달 필요가 없다. 다만 예외적인 경우에 한해서 발음을 정확히 하도록 발음기호를 달았다. 어떤 단어는 일부분만 표기하였다. köttdisk[çœt-] 고기 판매대

앞서 **모음 자음**의 '**주요발음 규칙**' 설명에서 제시한 여러 어례에서 단음절어의 악센트 I [´]은 생략했고 악센트 II [´ `] 만 표기하였다. 그러나 2음절 이상의 다음절어에는 악센트 I 을 표시를 했다. Svérige[sværjə], skandináv, japán, bibliot´ek

◈ 명사, 동사, 형용사의 표기규칙 ◈

① 각과의 "1. 단어 익히기"에서 **명사**는 **정형단수 어미**와 **부정형복수 어미**를 함께 적는다. 이때 ~는 **명사 전체(표제어)**를 표시하고 ―는 **사선(/)의 앞부분**을 대신한다. **부정형복수**가 없을 때는 **0** 으로 표시한다. 명사가 모음으로 끝나면 ~**n**과 ~**t** 만 붙인다. **불규칙복수형**을 가진 명사는 어미 대신에 **복수형**을 바로 표기한다. 또한 명사가 두 가지 정형어미를 가질 경우 이를 모두 제시하고 각 어미 사이에 사선(/)을 그었다. 정형복수 어미는 규칙으로 알 수 있기에 표기하지 않는다(43-44쪽 참고). **명사**의 **성과 수**에 대한 설명은 4-2와 6-2 를 참조하라.

[보기]

bil ~*en* ~*ar* 자동차 (정형단수 bilen, 부정형복수 bilar)

hus ~*et* ~ 집 (정형단수 huset, 부정형복수 hus)

kaffe ~*t* 0 커피 (정형단수 kaffet, 부정형복수 없음)

klock/a -*an* -*or* 시계 (정형단수 klockan, 부정형복수 klockor)

bok ~*en böcker* 책 (정형단수 boken, 부정형복수 böcker)

ung/e ~*n* -*ar* 어린애, 새끼 (정형단수 ungen, 부정형복수 ungar)

hemma/man ~*nen* -*män* 가사남편, 전업남편 (정형단수 hemmamannen, 부정형복수 hemmamän)

datum ~/*et,* ~ 날짜 (정형단수 datum 또는 datumet, 부정형복수 datum)

② **동사**는 **부정법, 현재, 과거, 완료분사** 순서로 함께 적는다. **부정법**은 어미 **-a**로 끝나며 ~로 대신 표기하고 어형변화가 없다. 이것에 **시제어미**를 덧붙인다.

다만 2변화, 4변화동사에는 사선(/)의 앞부분에다 시제어미를 붙인다. 불규칙 변화를 하는 4변화동사의 과거형, 완료분사형은 동사 전체를 적는다. 3변화동사의 부정법은 bo, sy 처럼 -a 이외의 다른 모음으로 끝난다.

[보기]

1변화동사: tala ~r ~de ~t (부정법 tala, 현재 talar, 과거 talade, 완료분사 talat) '말하다'

2변화동사: köp/a -er -te -t (부정법 köpa, 현재 köper, 과거 köpte, 완료분사 köpt) '사다'

3변화동사: bo ~r ~dde ~tt (부정법 bo, 현재 bor, 과거 bodde, 완료분사 bott) '살다'

4변화동사: skriv/a -er skrev skrivit (부정법 skriva, 현재 skriver, 과거 skrev, 완료분사 skrivit) '(글씨)쓰다'

③ **형용사**는 표제어 다음에 **중성어미 -t, 복수어미 -a**를 함께 싣는다. (76쪽 참조)

vanlig ~t ~a (vanlig, vanligt, vanliga) 일반의, 보통의

꿩먹고 알먹는
스웨덴어 첫걸음

Lektion 1
~
Lektion 28

Lektion 1
ett

Vad heter du? 이름이 무엇이지요?

A : Vad heter du?
바— 헤떼르 뒤

B : Jag heter Mats.
야(그) 헤떼르 맛쓰

A : Vad heter han?
바— 헤떼르 한

B : Han heter Åke.
한 헤떼르 오께

A : Och vad heter hon?
오 바— 헤떼르 혼

B : Hon heter Eva.
혼 헤떼르 에—바

 1-1. 단어 익히기

vad 무엇

heta heter hette hetat
~라고 부른다(이름이 ~입니다)

jag 나

Mats 남자 이름

han 그 남자

Åke 남자 이름

och ~와(과), 그리고

hon 그 여자

Eva 여자 이름

1-2. 문법공부

인칭대명사

명사 대신에 쓰이는 품사를 대명사라고 하며 사람을 가리키는 인칭대명사의 **주격**과 **목적격**은 아래와 같다. 2인칭의 단수 존칭 주격 **ni**와 목적격 **er**가 복수형과 동일한 점에 유의해야 한다. 목적격의 발음이 철자와 다른 점도 기억해 두어야한다.

mig[mɛj 메이], dig[dɛj 데이], dem[dɔm 돔]

인칭대명사 표

	단 수		복 수	
	주 격	목 적 격	주 격	목 적 격
1인칭	jag (나)	mig (나를, 나에게)	vi (우리들)	oss (우리들을,~에게)
2인칭	du (너) ni (당신) 존칭	dig (너를, 너에게) er (당신을,~에게)존칭	ni (너희들)	er (너희들을,~에게)
3인칭	han (그 남자) hon (그 여자) den (그것,통성) det (그것,중성)	honom (그를,~에게) henne (그녀를,~에게) den (그것을) det (그것을)	de (그들)	dem (그들을,~에게)

1-3 번역

A: 이름이 무엇이지요?

B: 제 이름은 *맛쓰* 입니다.

A: 그의 이름은 무엇입니까?

B: 그는 *오께* 라고 합니다.

A: 그러면 그녀의 이름은 무엇입니까?

B: 그녀의 이름은 *에바* 입니다.

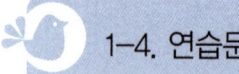
1-4. 연습문제

다음 스웨덴어 문장을 우리말로 바꾸시오.

1) Vad heter hon?
2) Hon heter Mona.
3) Vad heter han?
4) Han heter Jan.
5) Heter du Jakob?
6) Nej, jag heter Per.

Vem är det?   저분은 누구세요?

A: Vem är det?
벰 애(르) 데

B: Det är herr Gustafsson
데 애 해르 구스타프손

A : Och vem är det?
오(끄) 벰 애 데

B : Det är fru Gustafsson
데 애 프류 구스타프손

A : Var bor de?
바르 부르 돔

B : De bor i Stockhom.
돔 부르 이 스톡홀름

A : Bor ni också i Stockholm?
부르 니 옥쏘 이 스톡홀름

B : Nej, vi bor i Uppsala.
네이 비 부르 이 웁살라

2-1. 단어 익히기

vem   누가, 누구를

är   vara의 현재형 vara är var varit   …이다, 있다.

det   그것(저 사람), 3인칭 대명사의 하나

herr ~[e]n ~ar   …씨(남자의 성씨 앞에 붙이는 존칭; 영어 **Mr.**); 신사

Gustafsson   성씨

fru ~n ~ar   …부인(남편의 성씨 앞에 붙여; 영어 **Mrs.**)
(* 요즘 스웨덴은 민주평등사회라서 성씨 앞에 붙이는 각종 직함을 빼고 그냥 성씨와 이름을 직접 부른다.)

var   어디에

bor   bo의 현재형, '살다' bo bodde bott

i   …에(장소 전치사)

de [dɔm]   그들은 (3인칭 복수 주격)

Stockholm   스웨덴의 수도 스톡홀름

ni   너희들(당신들), 2인칭 복수

också   또한, 역시

nej   아니요

vi   우리들(1인칭 복수 주격)

Uppsala   스웨덴 중부 교육도시(웁살라대학으로 유명하다)

 2-2. 문법공부

1) vara 동사 (är)

vara 동사는 영어 be 동사에 해당하며 현재형은 är이다. 발음은 정확히 [ær]이나 실제 대화에서는 아주 약한 [ɛ]로 소리 난다. 주어의 인칭, 수에 따라 변화하지 않고 항상 är라서 쓰기 편리하다.

2) 지시대명사 det (1)

det[de]는 영어 it에 해당하는 대명사로 지시하는 대상의 성•수에 상관없이 두루 쓰인다. Vad är det? '저것은 무엇입니까?' Det är en bil. '그것은 자동차입니다.' det는 또한 사람을 가리키는 데도 쓰인다.
Vem är det? '저분은 누구입니까?' Det är Ellis. '엘리스 입니다.' Vem är Ellis? '엘리스가 누군데요?' Det är Gullans kusin. '그이는 굴란의 사촌입니다.'

3) Vem är du? 와 Vad är du?

vem은 영어 who, vad는 영어 what에 해당한다. 따라서 Vem är du?「당신은 누구십니까?」는 이름을 묻는 것이고, Vad är du?「당신은 무엇입니까?」는 신분, 직업, 국적을 묻는 것이다.
비슷한 질문으로 Varifrån är du?「당신은 어디에서 오셨습니까?」는 상대방의 출신 지역, 또는 국가를 묻는 것이다. Jag är från Tyskland.「나는 독일에서 왔습니다.」라고 대답할 수 있다. 이때 동사는 현재형을 사용한다.

2-3 번역

A: 저분은 누구세요?
B: 그분은 구스타프손 씨입니다.
A: 그러면 저분은 누구세요?
B: 그분은 구스타프손 씨 부인입니다.
A: 그들은 어디에 삽니까?
B: 그들은 스톡홀름에 삽니다.
A: 당신들도 스톡홀름에 삽니까?
B: 아니오, 우리들은 웁살라에 삽니다.

 2-4. 연습문제

다음 스웨덴어 문장을 우리말로 바꾸시오.

1) Vem är han?

2) Han är Leif Svensson.

3) Vad är han?

4) Han är bilmekaniker.

5) Varifrån är du?

6) Jag kommer från Malmö.

Lektion 3
tre

Hur mår du? 어떻게 지내세요?

Anna: Anna Lundberg.
안나 안나 룬드배리

Eva: Hej, Det är Eva.
에바 헤이 데 애 에바

Anna: Hej Eva! Hur mår du?
안나 헤이 에바, 휘르 모르 뒤

Eva: Tack bara bra. Och du då? Hur mår du idag?
에바 탁 바―라 브라, 오 뒤― 도, 휘르 모르 뒤 이다(그)

Anna: Jag mår ganska bra, men jag är lite trött.
안나 야 모르 간스까 브라, 멘느 야 애 리떼 트뢰트

Eva: Jaha, Är David hemma?
에바 야하 애 다비드 헴마

Anna: Ja, det är han, men han tittar på TV.
안나 야― 데 애 한, 멘느 한 티따르 포 테베

Eva: Är det fotboll?
에바 애 데 풋볼

Anna: Ja, det är det.
안나 야―, 데 애 데

Eva: Jaså, När slutar det?
에바 야쏘 내르 슬뤼따르 데

Anna: Jag vet inte. Klockan fem, tror jag.
안나 야 베―트 인떼 클로깐 펨 트로르 야―

Ett ögonblick! - David! När slutar det?
에트 외곤블릭 다―비드 내르 슬뤼따르 데

David: Klockan sex.
다비드 클로깐 쎅스

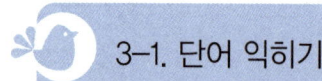
3-1. 단어 익히기

Anna	여자 이름
Lundberg	성씨
hej	안녕, 여보, 이봐 (마주치거나 헤어질 때 가벼이 나누는 인사말)
Eva	여자 이름
hur	어떻게, 얼마나
må mår mådde mått	느끼다, (건강) 기분이 …하다
ganska	꽤, 아주, 어지간히
David	남자 이름
hemma	집에, 가정에
tittar på	…을 보다, 응시하다
när	언제; …할 때에
sluta ~r ~de ~t	끝나다
veta vet visste vetat	알다
klocka ~n klockor	시간, 시계
fem	다섯, 5
sex	여섯, 6
tro ~r ~dde ~tt	생각하다, 믿다
ögonblick ~et ~	~ 순간, 찰라
ett ögonblick!	잠깐만(기다리세요)

 3-2. 문법공부

1) Hur mår du? 안부 인사

동사 må 는 '느끼다, 기분이 …하다'라는 뜻으로 Hur mår du? 하면 '어떻게 지내세요?' 라는 안부 인사이다. 비슷한 안부 인사로 Hur står det till? Hur har du det? Hur är det med dig? 와 같은 표현이 있다. 대답으로 Tack, bara bra 하면 '그저 좋습니다'란 뜻으로 일상 대화에서 관용적으로 쓰인다.

2) 지시대명사 det (2)

Ja, det är det.

위 본문에서 Är det fotboll? '그것은 축구경기인가요?' 라는 물음에 **Ja, det är det.** '예, 그렇습니다.' 라고 대답했는데 뒤의 det는 명사 fotboll 대신 쓰인 것이다. 물론 Ja, det är fotboll 이라고 대답할 수 있지만 앞의 표현방식을 더 많이 쓴다.

그러나 Är David hemma? '다비드가 집에 있어요?'라는 물음에 **Ja, det är han.** '예, 그는 그렇습니다'라고 대답한 경우에는 det는 앞 문장의 일부, 즉 '집에 있다'를 받은 것이다. 같은 질문에 부정으로 대답하려면 **Nej, det är han inte.** 라고 한다. 이처럼 대명사 det는 앞에 나온 명사는 물론 형용사, 부사, 동사, 구·절 또는 문장 전체를 받기도 한다.

3) 어순

단어 배열 순서에서 주어 이외의 다른 요소가 문장의 앞에 오면 '주어+동사'의 순서가 '동사+주어'로 바뀐다. Klockan fem, <u>tror jag</u>.

4) klockan fem '5시'

시간을 알릴 때 숫자 앞에 klockan을 붙인다. 반면에 영어로는 숫자 뒤에 o'clock 을 붙인다. 5 o'clock.

 3-3 번역

안나: 안나 룬드배리 입니다.
에바: 안녕하세요, 에바 입니다.
안나: 어머, 에바, 어떻게 지내세요?
에바: 고맙습니다. 잘 지냅니다. 그리고 댁에서도요? 오늘은 어떠세요?
안나: 꽤 좋은 편이에요. 하지만 좀 피곤해요.
에바: 아 그래요. 다비드는 집에 계세요?
안나: 예, 그래요. 그런데 TV를 보고 있어요.
에바: 축구경기인가요?
안나: 예, 그래요.
에바: 아, 그렇군요. 언제 끝나지요?
안나: 모르겠는데요. 5시인 것 같은데.
　　　잠깐만요. – 다비드, 언제 끝나지요?
다비드: 6시에

 3-4. 연습문제

다음 스웨덴어 문장을 우리말로 바꾸시오.

1) Är du hemma nu?　Ja, det är jag.
2) Är du och din syster hemma nu?　Ja, det är vi.
3) Är hon på kontoret?　Ja, det är hon.
4) Hur står det till med dig?　Tack, bara bra.

Lektion 4
fyra

Jag kommer från Korea.   저는 한국에서 왔어요.

Kim: Hej, Jag heter Minsu Kim från Korea.
김: 헤이 야– 헤떼르 민수 김 프론 코레아

Erik: Är han också korean?
에릭: 애 한 옥쏘 코레안

Kim: Nej, det är han inte. Han är japan. Är du svensk då?
김: 네이 데 애 한 인떼 한 애 야판 애 뒤 스벤스크 도

Erik: Ja, det är jag.
에릭: 야– 데 애 야

Kim: Är ni båda svenskar?
김: 애 니 보–다 스벤스까르

Erik: Nej, det är vi inte. Jag är svensk och han är norrman.
에릭: 네이 데 애 비 인떼 야 애 스벤스크 오(끄) 한 애 노르만

Kim: Jaha, ni är alltså skandinaver och vi är asiater.
김: 야하– 니 애 알쏘 스칸디나베르 오(끄) 비 애 아시아떼르

Erik: Vad gör ni här i Sverige?
에릭 바 여르 니 해르 이 스배리예

Kim: Jag läser svenska på universitet och han arbetar på ett
김: 야 래세르 스벤스까 포 위니배쉬텟 오(끄) 한 아르베따르 포 엣

      företag.
      훠레타그

Erik: Jaså, och du då Kim, varför läser du svenska?
에릭: 야쏘 오(끄) 뒤– 도 김 바르훠르 래세르 뒤 스벤스까

Kim: Jag är intresserad av svensk folkmusik och popmusik,
김: 야 애 인트레세라드 아브 스벤스크 폴크뮈식 오 포프뮈식

t.ex. ABBA
틸 엑셈펠 아바

Erik: När började ditt intresse för Sverige?
에릭: 내르 버르야데 딧 인트레세 훠르 스배리예

Kim: Jag hade en svensk brevvän och så brevväxlade jag med
감: 야 하데 엔 스벤스크 브레브밴 오 쏘 브레브백슬라데 야 메
honom länge.
호놈 랭에

Erik: Vad skrev ni på för språk?
에릭: 바 스크레브 니 포 훠르 스프록

Kim: På engelska förstås!
감: 포 엥엘스까 훠슈토스

Erik: Skriver du nu på svenska?
에릭: 스크리베르 뒤 뉘 포 스벤스까

Kim: Ja, det försöker jag. Just nu bor jag i Sverige, men vi
감: 야 데 훠쉐께르 야 유스트 뉘 부르 야 이 스배리예 멘느 비
skriver ändå ofta.
스크리베르 앤도 오프따
Snart går vi över helt till svenska.
스나르트 고르 비 외베르 헬트 틸 스벤스까

4-1. 단어 익히기

kommer från …출신이다, …에서 왔다

Koréa 한국

koreán ~en ~er 한국인

japán ~en ~er 일본인 (Jápan 일본) (강세 위치에 차이가 있다)

här 여기, 여기에

svensk ~en ~ar 스웨덴인

båda 양쪽, 둘 다

norr/man -mannen -män
　　　　노르웨이 남자

asiát ~en ~er 아시아 사람

arbeta ~r ~de ~t
　　　　일하다, 노동하다

företag ~et ~ 회사, 기업체

jaså 아 그래요

varför 왜

svenska ~n svenskor 스웨덴 여자

intresserad av …에 흥미를 가진

folkmusik ~en 0 민속음악

alltså 그러면, 즉, 말하자면

skandináv ~en ~er
　　　　스칸디나비아 사람

gör[jœ:r] göra '하다'의 현재형
　　　　gjorde gjort

svenska ~n 0 스웨덴어

Sverige[sv´ærjə] 스웨덴(국명)

läs/a -er -te -t 공부하다, 읽다

brevvän ~nen ~ner
　　　　펜팔, 편지 친구

så 그래서, 그리하여

brevväxla ~r ~de ~t
　　　　서신교환 하다

honom 그를, 그에게

länge 오래

skrev skriva '쓰다'의 과거
skriva skriver skrev skrivit

börja ~r ~de ~t 시작하다

ditt 너의(소유대명사 12.2 참조)

intresse ~t ~n 흥미, 관심

popmusik ~en 0	팝 뮤직	vad … för språk	무슨 언어로
på	…에, 에서 (장소 전치사)	skriva på engelska	영어로 쓰다
hade ha	'가지다'의 과거	försöker	'노력하다, 애쓰다'의 현재형
ha har hade haft		försök/a -te -t	
snart	곧, 쉬이	förstås	물론
gå över	넘어가다	just	방금, 지금 막
helt	완전히, 전체로	nu	지금, 이제는
ändå	아직도, 여전히	ofta	자주, 흔히

 **4-2. 문법공부**

1) 문장구조

(1) **평서문**: 보통 '주어+동사'의 순서이나 주어 이외의 다른 요소도 동사 앞에 올 수 있다.

Ni är alltså skandinaver. 당신들은 말하자면 스칸디나비아인 이군요.

= Alltså är ni skandinaver.

= Skandinaver är ni alltså.

(2) **의문문**: 의문사+동사+주어 … ?

Vad gör ni i Sverige? 당신들은 스웨덴에서 무엇을 합니까?

Är han också korean? 그이도 한국인입니까?

(다만 의문사가 없을 때는 동사가 문장의 맨 앞에 나온다.)

(3) **명령문**에서는 물론 동사가 맨 앞에 나온다.

Stäng dörren! 문을 닫아라.

2) 명사의 성(性)과 어말관사: bilen, huset

스웨덴어 명사에는 독일어, 프랑스어와 마찬가지로 **문법성**이 정해져 있다. 모든 명사는 **통성(en-명사)**과 **중성(ett-명사)** 중에 하나로 분류되어 있으며 성의 구별은 **어말**에 붙는

관사로 나타난다.

사전에 **명사**는 **bil ~en ~ar** 처럼 표기되어 있다. bil 다음의 **~en** 은 bil 이 **통성명사**라는 표시이고 **~ar** 는 **복수어미**이다. ~는 앞의 표제어를 대체한다는 기호이다. 명사의 성을 표시하는 어미 **~en** 은 동시에 명사를 한정하는 **정관사**의 역할도 겸하며 명사 끝에 오기 때문에 **어말관사**라고 하는데 이것은 북유럽어의 특징이다. 그러므로 bil**en** 은 영어로 'the car' (그 자동차) / bil**ar** 는 'cars' (자동차들)와 같은 문법적 의미를 가진다.

한편 **hus ~et ~** 은 hus가 **중성명사**이고 복수형은 어미가 따로 없이 표제어와 같으니 단수와 복수가 동형이라는 뜻이다. 따라서 hus**et** 'the house' (그 집) / hus 'houses' (집들)와 같은 의미를 가진다.

명사에서 **성**의 차이는 그 명사를 받는 지시대명사나 명사를 꾸미는 수식어(형용사, 정관사, 부정관사)의 어형에 변화를 가져 오기 때문에 매우 중요하다.

3) 명사의 복수형(6.2 참조)

셀 수 있는 명사의 **복수형**에는 **5가지**가 있다. 반면에 셀 수 없는 명사, 즉 물질명사, 추상명사는 복수형이 없다(vatten '물', början '시작' 따위).

(1) en flicka 소녀 → flick**or** (어미 -or 가 붙는 것; 단수어미 -a는 탈락한다
　　en svenska 스웨덴 여자, svensk**or**)

(2) en stol 의자 → stol**ar** (어미 -ar 가 붙는 것: svensk 스웨덴 남자, svensk**ar**)

(3) en park 공원 → park**er** (어미 -er 가 붙는 것: korean 한국남자 → korean**er**)

(4) ett äpple 사과 → äpple**n** (어미 -n 이 붙는 것: piano 피아노 → piano**n**)

(5) ett rum 방 → rum (복수어미가 없는 것, 즉 단복 동형: år 해, 년, år)

* (1) (2)부류에 속하는 명사는 모두 통성명사(en-명사)이고, (3)부류 명사는 통성, 중성명사(ett-명사), (4) 부류 명사는 소수의 중성명사, (5)부류 명사는 대다수가 중성명사이다.

4) 명사의 어말모음 탈락

* 모음으로 끝나는 명사에 어말관사나 복수어미를 붙일 때는 어말 모음을 탈락시킨다.
　en skola → skol**an**, två skol**or** / en blomma → blomm**an**, två blomm**or**

* 어말음절이 비강세 또는 약강세를 가진 명사는 어말모음을 떼고 복수어미를 붙인다.
　en fågel → två fågl**ar** / en möbel → två möbl**er**

5) 국명표시 명사와 남녀 성 구별(부록 2.6 참조)

스웨덴어에는 국명, 국명표시 형용사, 남자, 여자, 국어를 나타내는 어형이 조금씩 다르다.
Korea 한국, koreansk 한국의, korean 한국남자, koreanska 한국여자, koreanska 한국어,
Jápan 일본, japansk 일본의, japán 일본남자, japanska 일본여자, japanska 일본어,
Sverige 스웨덴, svensk 스웨덴의, svensk 스웨덴 남자, svenska 스웨덴 여자, svenska 스웨덴어,
Norge 노르웨이, norsk 노르웨이의, norrman 노르웨이 남자, norska 노르웨이 여자, norska 노르웨이어,

* '국어'와 '여자' 표시 어형은 대개 일치하지만 '국어' 표시 어는 복수형이 없는데 '여자' 표시 어에는 복수형이 있다.

svenska 스웨덴어/ en svenska 스웨덴 여자 1명, två svenskor 스웨덴 여자 2명
koreanska 한국어/ en koreanska 한국여자 1명, två koreanskor 한국여자 2명

6) 전치사 på

på는 때, 장소, 수단 등 여러 가지 용도로 두루 쓰이는 전치사로 여기서는 수단을 나타낸다
Skriver du brev på svenska? 너는 편지를 스웨덴어로 쓰느냐?
Vad heter det på engelska? 그것은 영어로 뭐라고 합니까?

7) 대동사 göra

vara, bli, ha, kunna 따위의 조동사를 제외한 일반동사로 시작하는 의문문에 대해서 지시대명사 det로 받을 때는 대동사 '**göra** (현재형 gör) …하다'를 사용한다.
Skriver du nummera på svenska? 요즘은 스웨덴어로 씁니까?
Ja, det **gör** jag. 예 그렇습니다.
그러나 조동사가 쓰인 의문문에 대한 대답은 같은 **조동사**를 사용한다.
Kan du tala tyska? 독일어를 할 수 있습니까?
Ja, det **kan** jag. 예 그렇습니다.
Har du varit i England? 영국에 가 본 일이 있습니까?
Ja, det **har** jag. 예 그렇습니다.

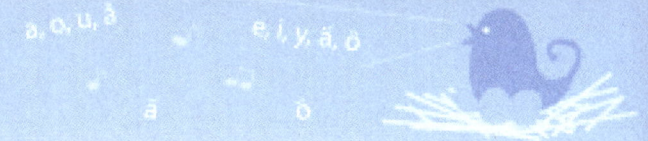

4-3 번역

김: 안녕하세요. 저는 한국에서 온 *김민수*라고 합니다.

에릭: 저분도 한국인입니까?

김: 아니오, 그렇지 않습니다. 그 분은 일본인입니다. 그럼 당신은 스웨덴인 입니까?

에릭: 예, 그렇습니다.

김: 당신들 두 분 모두 스웨덴인 입니까?

에릭: 아니오, 그렇지 않습니다. 저는 스웨덴인이고 저분은 노르웨이인입니다.

김: 아 그래요, 당신들은 말하자면 스칸디나비아인이고 우리들은 아시아인이군요.

에릭: 이곳 스웨덴에서 무엇을 하십니까?

김: 저는 대학에서 스웨덴어를 공부하고 저분은 기업체에서 일을 합니다.

에릭: 아 그렇군요, *김*씨는 그럼 왜 스웨덴어를 공부하세요?

김: 저는 스웨덴의 민속음악과 *아바*와 같은 팝뮤직에 흥미가 있어요.

에릭: 언제부터 스웨덴에 관심을 가지게 되었습니까?

김: 저는 스웨덴에 펜팔친구가 하나 있어서 오랫동안 그와 서신 교환을 했지요.

에릭: 무슨 언어로 편지를 썼나요?

김: 물론 영어로요.

에릭: 지금은 스웨덴어로 씁니까?

김: 예 그렇게 노력하고 있습니다. 저는 현재 스웨덴에 살고 있지만 우리들은 여전히 자주 편지를 쓴답니다. 머지않아 완전히 스웨덴어로 넘어갈 것입니다.

4-4. 연습문제

1. 부록의 단어집을 참조하여 명사의 복수형을 써 넣으시오.

   bil (   )   student (   )
   pojke (   )   dag (   )
   skola (   )   svensk (   )
   hus (   )   dansk (   )

2. 다음 우리말을 스웨덴어로 바꾸시오.

   스칸디나비아인 (   )   일본말 (   )
   한국인 (   )   덴마크말 (   )
   펜팔 (   )   노르웨이 남자 (   )
   노르웨이 여자 (   )   한국말 (   )

오늘 하루도 수고 하셨습니다.

Man tackar för allting i Sverige
스웨덴에서는 매사에 감사한다.

I Sverige tackar man för ofta. De tackar alltid för allting. "Tack,
이 스배리예 탁까르 만 훠르 오프타 돔 탁까르 알티드 훠르 알팅 탁

tack", säger man eller "tackar, tackar". De tackar för maten,
탁 쎄이예르 만 엘레르 탁까르 탁까르 돔 탁까르 훠르 마뗀

de tackar för sällskapet, de tackar för lånet, de tackar för
돔 탁까르 훠르 쌜스카펫 돔 탁까르 훠르 로–넷 돔 탁까르 훠르

uppmärksamheten. Ibland tackar man för att någon tackar!
우프매르크쌈헤뗀 이블란드 탁까르 만 훠르 앗 노곤 탁까르

En typisk dialog vid en kiosk:
엔 튀피스크 디알로그 비드 엔 쇼스크(키오스크)

A: En kvällstidning, tack.
　　엔 크벨스티드닝 탁

B: Var det bra så?
　　바 데 브라 쏘–

A: Ett paket Blend också, tack.
　　엣 파케에트 블렌드 옥쏘 탁

B: Tackar. Något annat
　　탁까르 노–곳 아낫

A: Nej tack, det var bra så!
　　네이 탁 데 바 브라 쏘

B: Det blir 27 kronor jämnt!
　　데 블리 슈고슈 크로노르 옘트

A: Varsågod!
　　바슈굿

B: Tack
탁

A: Tack så mycket.
탁쏘 뮈께

B: Tack, tack.
탁   탁

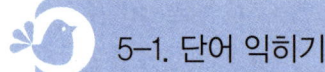 5-1. 단어 익히기

man　사람, 우리

allting ~et ~　모든 것

Sverige　스웨덴(Sweden)

tacka ~r ~de ~t　감사하다

tack ~et(~en) ~　감사, 고마움

säg/a[sɛjːa] -er sade sagt
말하다

bli blir blev blivit　…이 되다

varsågod(바슈굿)　자, 어서(영: please)

för　(부사) 너무나

lån ~et ~　빌림, 대출

uppmärksamhet ~en 0　주의, 관심

ibland　때때로, 가끔

typisk　전형적, 대표적

dialog ~en ~er　대화

kiosk[çɔsk/ kiɔsk] ~en ~er
가두 판매대(신문, 담배 등)

jämnt　딱 맞게, 에누리 없이

sällskap ~et ~　동행

ofta　자주

5-2. 문법공부

1) 부정대명사 man

특정인이 아닌 일반적인 사람을 가리키는 대명사로 man이 있다. '인간, 사람, 우리, 그들'이란 뜻으로 두루 쓰이며 3인칭 단수로 취급한다. 그러나 han으로 바꿔 쓸 수 없으며 계속 주어로 등장하면 man을 되풀이해서 쓸 수밖에 없다. 보통명사 man '남편, 남자'는 성·수에 따라서 man, mannen, män, männen 처럼 변화한다.

2) 전치사 för '… 때문에, …에 대하여'는 명사, 대명사 또는 **att**-절 앞에서 쓰인다.

Hon tackar för maten. '그녀는 식사대접에 감사한다.'

Jag tackar för att han hjälper mig. '나는 그의 도움에 감사한다.'

3) Tack så mycket!

본문에서 읽은 대로 우리의 언어습관에 비하면 스웨덴 사람들은 일상대화에서 '감사하다' Tack så mycket!라는 표현을 너무 자주 사용한다. 간단히 tack!이라고도 말한다. 이에 대한 대답으로 '천만에요, '뭘요'에 해당하는 말은 Varsågod![바슈굿], För all del![훠랄델], Ingen orsak[잉엔우ㄹ샥]! 등이 있다.

5-3 번역

　　스웨덴에서는 '감사하다'라는 말을 너무 자주 한다. 사람들은 항상 매사에 감사한다. 그들은 '감사, 감사' 하거나 '감사합니다, 감사합니다' 라고 말한다. 그들은 식사에 감사하고, 동행에 감사하고, 물건을 빌려줘서 감사하고, 관심을 보여줘서 감사하다고 한다. 때로는 누군가가 감사하다고 하니까 감사해 한다. 간이판매대에서 일어나는 전형적인 대화를 보자:

A: 석간신문 한 장 주세요. 고마워요.
B: 그것이면 됩니까?
A: 아니오, 블렌드 담배 한 갑도 주세요, 고마워요.
B: 고맙습니다. 다른 것은요?
A: 필요치 않습니다. 그것으로 됐습니다.
B: 딱 27 크로나 되겠습니다.
A: 자 여기 있습니다.
B: 고맙습니다.
A: 대단히 고맙습니다.
B: 고맙습니다.

5-4. 연습문제

다음 우리 문장을 스웨덴어로 표현해보시오.

1) 당신은 항상 감사하다고 합니다.
2) 그는 별로 감사해 하지 않습니다.
3) 저와 동행하시겠습니까?
4) 그들은 선물에 대해 매우 감사해 합니다.

오늘 하루도 수고 하셨습니다.

Ett rum 방 한칸

Det är inte lätt att få en våning i Stockholm. Jag har ingen
데 애 인떼 랫 앗 포 엔 보-닝 이 스톡홀름 야 하르 잉엔
våning, bara ett rum. Det är ett bra rum på många sätt, men
보-닝 바라 엣 룸 데 애 엣 브라 룸 포 몽아 쌔트 멘
jag vill ändå gärna ha en våning i stället, så att jag kan laga
야 빌 앤도 얘르나 하 엔 보-닝 이 스탤엣 쏘 앗 야 칸 라-가
mat hemma. Nu måste jag alltid äta på restaurang.
마트 헴마 뉘 모스떼 야 알티드 애-따 포 레스또랑
Det finns en säng, två bord och fyra stolar i rummet. Jag har
데 핀스 엔 쌩 트보 부르드 오 휘라 스툴라르 이 룸멧 야 하르
dessutom mattor på golvet, tavlor och bokhyllor på väggarna,
데슈똠 마또르 포 골벳 타블로르 오 부크휠로르 포 배가르나
en stor vacker lampa i taket, gardiner i fönstren och ett
엔 스투르 박께르 람빠 이 타-껫 가르디네르 이 펀스트렌 오 엣
draperi framför dörren. Stolarna är gamla, men tavlorna är fina.
드라페리 프람퍼르 더렌 스툴라르나 애 가믈라 멘 타블로르나 애 피-나

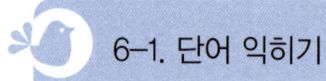
6-1. 단어 익히기

rum ~met ~   방

lätt   쉬운, 용이한

få får fick fått   얻다, 가지다

ha har hade haft   가지다

ingen   (아무도, 아무것도)… 아니다

våning ~en ~ar   아파트

bara   단지, 다만

bra   좋은

på många sätt
　　　　　여러 방식으로, 여러 면에서

men   그러나

vilja vill ville velat
　　　　…하기 원하다(바라다)

vill → vilja

ändå   그래도, 여전히

gärna   기꺼이

i stället   그 대신에

så att   그래서, 그리하여

golv ~et ~   방바닥, 마루

laga ~r ~de ~t   요리하다; 고치다

mat ~en 0   음식

säng ~en ~ar   침대

två   둘, 2

bord ~et ~   책상, 식탁

fyra   넷, 4

stol ~en ~ar   의자, 걸상

dessutom   그 밖에, 그 외로

matta ~n mattor   양탄자

på   …에, 위에

kan kunna kunde kunnat
　　　　　　　…할 수 있다

tavla ~n tavlor   (액자) 그림

bokhylla ~n bokhyllor   책장

vägg ~en ~ar   벽

stor   큰, 커다란

vacker   아름다운

lampa ~n lampor   등불
　　　　　(glöd~   전구)

tak ~et ~   천장, 지붕

gardin ~en ~er   커텐

fönster fönstret ~   창문

nu   이제, 지금

måste (꼭) …해야한다
alltid 항상, 언제나
äta äter åt ätit 먹다
fin 좋은, 아름다운
det finns …가 있다(영: threre is/are)
finnas finns fanns funnits

draperi ~et ~er 휘장, 발
framför …앞에
dörr ~en ~ar 문(방, 현관)
gammal 낡은, 오래된
restaurang ~en ~er 식당, 레스토랑

 6-2. 문법공부

1) 명사의 정형과 부정형

명사의 성을 표시하는 어말정관사 **~en** (통성)과 **~et** (중성)이 명사 앞에 오면 '**하나**'를 뜻하는 **부정관사**로도 쓰인다. 이렇게 쓰인 명사를 **부정형명사** 라고 한다:

en bil 'a car' (자동차 한 대) / **ett hus** 'a house' (집 한 채)

반면에 어말관사를 붙여서 지정된 것으로 쓰이는 명사를 **정형명사** 라고 한다:

bil**en** 'the car'(그 자동차) / hus**et** 'the house' (그 집)

2) 부정관사 en/ett

모든 명사 앞에는 성에 따라 **en**(통성) 또는 **ett**(중성)라는 **부정관사**가 붙는다(추상명사, 물질명사 제외). 따라서 부정관사는 **수사**로도 쓰여 '한개'라는 뜻을 갖는데 부정관사에는 복수형이 없다.

명사 앞에 수식어가 있으면 부정관사는 그 수식어 앞에 온다.

    en katt 고양이 한 마리, en liten katt 작은 고양이 한 마리
    ett barn 한 아이, ett litet barn, 한 꼬마 아이

3) 명사변화

스웨덴어 명사는 성과 복수어미의 유형에 따라 5가지로 나뉜다. 이들은 다시 명사를 한정하는가 여부에 따라서 **부정형 단수 복수**와 **정형 단수 복수**로 분류된다.

명사 변화표

명사의 종류	부정형 단수	부정형 복수	정형 단수	정형 복수
1변화 -or	flicka	flick**or**	flick**an**	flick**orna**
2변화 -ar	stol	stol**ar**	stol**en**	stol**arna**
3변화 -er	gardin	gardin**er**	gardin**en**	gardin**erna**
4변화 -n	piano	piano**n**	piano**t**	piano**na**
5변화(단수,복수 동형)	bord	bord	bord**et**	bord**en**

위 본문에 나온 **stolarna**는 stol '의자'의 **부정형복수** stolar에 다시 정형어미 **-na**를 붙여 **정형복수**로 만든 것이다. 이처럼 **정형복수**는 복수어미가 **-or, -ar, -er**로 끝난 명사에는 **-na**를 덧붙인다. 제1, 제2, 제3변화 명사가 여기에 해당한다. 그리고 중성명사로서 부정형복수어미가 **-n** 으로 끝나면 다시 **-a** 를 붙여 정형복수를 만든다(제4변화 명사). 끝으로 단복 동형명사에는 **-en** 을 붙여 정형복수를 만든다(제5변화 명사). 이들 각 어형을 영어와 비교하면 다음과 같다.

부정형단수	부정형복수	정형단수	정형복수
en stol	stol**ar**	stol**en**	stol**arna**
'a chair'	'chairs'	'the chair'	'the chairs'
ett äpple	äpple**n**	äpple**t**	äpple**na**
'an apple'	'apples'	'the apple'	'the apples'
ett bord	bord	bord**et**	bord**en**
'a table'	'tables'	'the table'	'the tables'

4) 형식주어 det 와 실제주어 (att …)

det가 형식상의 주어로 앞에 나오고 실제 주어는 att-부정법이나 att-절이 받는 경우를 말한다.

Det är svårt **att få** en våning i Stockholm. '스톡홀름에서 아파트 얻기가 어렵다.'

Det var tråkigt **att du inte kan komma.** '네가 올 수 없다니 유감이다.'

5) M, N의 철자법

어미변화로 인하여 m, n이 두 모음 사이에 올 때 이를 겹쳐 쓴다.

ett stort rum '큰 방'   Ru**mm**et är stort. '그 방은 크다'.

en vän '한 친구'   två vä**nn**er '두 친구'

중자음 mm, nn 이 어미변화로 인해 다른 자음이 하나 더 추가 될 때는 m이나 n 하나를 생략한다.

  en sommar, '한 여름철' två somrar '두 여름 철'
  en gammal tant '한 노파' två gamla tanter '두 명의 노파'

6-3 번역

 스톡홀름에서 아파트를 구하기가 쉽지 않다. 나에게 아파트는 없고 방 한 칸이 있다. 그 방은 여러 면에서 좋기는 한데 그래도 대신에 아파트를 갖고 싶다. 그리하여 집에서 음식을 지어먹을 수 있도록 말이다. 지금은 항상 식당에서 식사를 한다.

 방안에는 침대 하나, 책상 둘, 의자 4개가 있다. 그 외로도 방바닥에는 양탄자가 깔려 있고 벽에는 그림과 책장이 있으며 천장에는 크고 아름다운 조명등이 달려있고 창에는 커튼이, 문간에는 발이 쳐져 있다.

6-4. 연습문제

1. 부록의 단어집을 참조해서 다음 명사를 단수정형으로 만드시오.

 skola ( ) mjölk ( )
 student ( ) namn ( )
 barn ( ) hund ( )
 morgon ( ) pojke ( )
 present ( ) katt ( )

2. 다음 명사를 복수정형으로 만드시오.

 dag ( ) kaka ( )
 rum ( ) lampa ( )
 bil ( ) höst ( )
 lägenhet ( ) måndag ( )
 syster ( ) brev ( )

오늘 하루도 수고 하셨습니다.

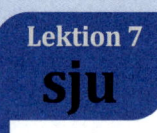

Lektion 7 sju

I Snabbköpet 슈퍼마켓에서

Lisbet tar en korg vid ingången och lägger alla varor i den:
리스벳 타르 엔 코르이 비드 인공엔 오(끄) 래게르 알라 바로르 이 덴

bröd och ost, ett halvt kilo smör, tre liter mjölk, några ägg och
브뢰드 오 우스트 엣 할브트 실로 스머르 트레 리떼르 멜크 노그라 애그 오

tomater och ett paket ris. Sedan går hon till köttdisken.
토마떼르 오 엣 파케트 리스 세단(센) 고르 훈 틸 셔트디스껜

Expediten: Goddag. Vad ska det vara idag?
엑스페디뗀. 구―다(그) 바 스까 데 바라 이다그

Lisbet: Jag vill ha något kött. Har ni biff?
리스벳. 야 빌 하 노곳 셔트 하르 니 비프

Expediten: Ja, det har vi.
엑스페디뗀. 야 데 하르 비

Lisbet: Vad kostar den?
리스벳. 바 코스따르 덴

Expediten: Tvåhundra kronor kilot.
엑스페디뗀. 트보훈드라 크로노르 실―롯

Lisbet: Nej, det är för dyrt! Jag tar fläskkotletter i stället.
리스벳. 네이 데 애 훠르 뒤르트 야 타르 플래스크코틀레떼르 이 스탤렛

Expediten: Ja, tack. Hur många?
엑스페디뗀. 야 탁 휘르 몽아

Lisbet: Åtta stycken tack.
리스벳 오따 스뛰껜 탁

Expediten: Jaha tack. En, två, tre, fyra, fem, sex, sju och åtta. Och
엑스페디뗀. 야하 탁 엔 트보 트레 휘라 펨 섹스 슈 오 오따 오(끄)

	något annat?
	노곳 아낫
Lisbet:	Nej, det var bra så. Hur mycket blir det?
리스벳,	네이 데 바 브라 쏘 휘르 뮈께 블리(르) 데
Expediten:	Det blir etthundrasjuttifem kronor.
엑스페디뗀,	데 블리(르) 에트훈드라슈띠펨 크로노르
Lisbet:	Här tvåhundra kronor. Varsågod!
리스벳,	해르 트보훈드라 크로노르 바슈굿-
Expediten:	Tack så mycket. Etthundraåtti, nitti, tvåhundra.
엑스페디뗀,	탁 쏘 뮈께 에트훈드라오띠 니띠 트보훈드라
	Varsågod! Välkommen igen.
	바슈굿- 밸콤멘 이옌
Lisbet:	Tack så mycket.
리스벳,	탁 쏘 뮈께

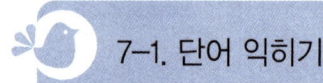 7-1. 단어 익히기

Lisbet 여자 이름

korg[kɔrj] ~en ~ar
　　　　바구니

ingång ~en ~ar
　　　(건물)입구, 출입구

lägga lägger lade lagt
　　　놓다, 눕히다

var/a -an -or 물품, 상품

bröd ~et ~ 빵

ost ~en 0 치즈

kött ~et 0 고기(육류)

kilo[ç-/k-] ~t, ~/~n
　　　킬로그램의 약어

smör ~et 0 버터

liter ~n ~ 리터(용량 단위)

mjölk ~en 0 우유

någon något några
　　　몇몇의, 약간의

ägg ~et ~ 알, 달걀

paket ~et ~ 소포, 꾸러미

ris ~et 0 쌀

goddag/god dag 안녕하세요.

biff ~en ~ar
　　　비프, 두껍게 저민 쇠고기 점

kosta ~r ~de ~t
　　　돈이 들다, 값이 나가다

dyr ~t ~a 비싼

fläskkotlett ~en ~er 돼지 갈비살

i stället 대신에

ta tar tog tagit 가지다, 취하다

hur många 몇 개나

hur mycket 얼 만큼

åtta 여덟

stycke ~t ~n 부분, 조각, 단편

något annat 다른 어떤 것

ett hundrasjuttifem 일백칠십오

varsågod[vaʂəgɯ:] ⟨바슈굿—⟩
자 여기 있습니다 (무엇을 권하거나 건넬 때)

nitti(o) 아흔, 90

tvåhundra 이백, 200

köttdisk[çœt-]〈셧-〉 고기판매대   välkommen   환영하는

exped´it ~en ~er   (상점) 점원   igen   다시

Vad ska det vara idag?   tomat ~er ~er   토마토
오늘은 무엇을 드릴까요? (점원이 손님에게)

7-2. 문법공부

1) 숫자 읽기(기수)

0	noll	놀	21	tjugoett	슈고엣
1	ett	엣	22	tjugotvå	슈고트보
2	två	트보	23	tjugotre	슈고트레
3	tre	트레	24	tjugofyra	슈고휘라
4	fyra	휘라	25	tjugofem	슈고휌
5	fem	휌	29	tjugonio	슈고니에
6	sex	쎅스	30	tretti(o)	트레띠
7	sju	슈	40	fyrti(o)	휘르띠
8	åtta	오따	50	femti(o)	휌띠
9	nio	니에	60	sexti(o)	쎅스띠
10	tio	티에	70	sjutti(o)	슈띠
11	elva	엘바	80	åtti(o)	오띠
12	tolv	톨브	90	nitti(o)	니띠
13	tretton	트레똔	100	(ett) hundra	(엣) 훈드라
14	fjorton	휴르똔	1.000	(ett) tusen	(엣) 튀센
15	femton	휌똔	10.000	tio tusen	티에 튀센
16	sexton	쎅스똔	100.000	hundra tusen	훈드라 튀센
17	sjutton	슈똔	1.000.000	en miljon	엔 밀리온

18 arton   아르똔   2.000.000 två miljoner   트보 밀리온에르
19 nitton   니똔
20 tjugo   슈고

[주의] 0~12까지는 숫자의 명칭이 각기 다르지만 13부터 19까지는 끝에 -(t)ton을 붙인다:

tretton(13), fjorton(14) 등등. 그리고 miljon(백만)을 넘으면 보통명사로 취급하여 복수어미를 붙인다. 2백만은 två miljon**er** 이다.

2) 물질명사의 분량 표시

juice(쥬스), kaffe(커피), mjölk(우유), vatten(물)처럼 셀 수 없는 명사의 분량을 표시하려면 ett glas '한 컵', en kopp '한잔', en flaska '한 병' 같은 단위명사를 앞에 붙이는 것이 원칙이지만 식당이나 커피숍에서는 일상적으로 앞에 수사만 붙여서 ett kaffe, en mjölk 처럼 쓰기도 한다. 또한 무게나 포장 단위를 명사 앞에 붙여 쓰기도 한다.

    ett glas vatten '물 한잔'
    en kopp kaffe '커피 한잔'
    ett halvt kilo smör '버터 반 킬로그램'
    tre liter mjölk '우유 3 리터'
    ett paket ris '쌀 한 곽'

3) 화폐단위

스웨덴 화폐의 기본단위는 krona이고 복수형은 kronor이다. 더 작은 단위는 öre[외레]이며 단·복 동형이다. 1 krona는 100 öre 이고 10 öre 짜리 동전이 있으나 한국 돈 10원처럼 별 쓸모가 없다.

4) 거스름돈(잔돈) 세는 법

손님이 물건 값을 큰돈으로 내면 잔돈 계산방식이 우리와 달라서 좀 당황하게 된다. 총 계산이 175크로나 나와서 100크로나 지폐 2장, 200크로나를 내면 200-175=25크로나를 바로 내주는 것이 우리 방식이다. 그런데 스웨덴 식은 먼저 5 크로나 짜리 동전 하나를 내주어 180(etthundraåtti) 크로나를 만들고 그 다음에 10크로나 지폐를 한 장 더 보

태어 190(etthundranitti) 크로나를 만들고 마지막으로 10크로나 지폐를 건네주며 물건 값 175크로나를 제외하고 손님이 낸 200크로나의 나머지를 다 채워준다는 식이다. 말하자면 3단계에 걸쳐 잔돈을 내어주는 셈이다.

5) Varsågod

일상대화에서 아주 자주 쓰이는 단어로 상대방에게 무엇을 권하거나 건넬 때 덧붙이는 말, 또는 '감사하다(tack så mycket)'라는 인사말의 대꾸 등으로도 쓰인다. 영어 please에 해당하나 쓰임새가 더 넓다.

　　Här tvåhundra kronor. Varsågod!　자 여기 200 크로나 있습니다.
　　Tack för hjälpen! Varsågod!　도와줘서 고마워요. 뭘요.

6) Vad ska det vara idag? '무엇을 도와드릴까요?'

상점이나 관공서에서 손님을 맞이하는 인사말 중에는 아래와 같은 표현도 있다.
Vad kan jag stå till tjänst med? 또는 Vad kan jag hjälpa till?

7-3 번역

　　리스벳 은 입구에서 바구니 하나를 꺼내 들고 물건을 모두 그 안에 담는다. 빵, 치즈, 버터 반 킬로, 우유 3리터, 계란, 토마토 몇 개, 쌀 한 곽. 그 다음에 그녀는 고기 판매대로 간다.

　　점원:　　안녕하세요. 오늘은 무엇을 드릴가요?
　　리스벳:　고기를 좀 사려는데요. 비프쇠고기 있나요?
　　점원:　　예 있습니다.
　　리스벳:　값이 얼마인데요?
　　점원:　　킬로 당 200 크로나입니다.
　　리스벳:　아이구, 너무 비싸군요. 그럼 대신에 돼지갈비살로 하겠습니다.
　　점원:　　예, 그러세요. 몇 개나요?
　　리스벳:　8개요.

점원: 예 그러지요. 하나, 둘, 셋, 넷, 다섯, 여섯, 일곱, 여덟. 또 다른 것 필요한 거 있으세요?

리스벳: 아니오, 그것으로 됐습니다. 얼마지요?

점원: 175 크로나 되겠습니다.

리스벳: 자 여기 200 크로나 있습니다.

점원: 고맙습니다. (5크로나 동전을 건네며) 180 크로나이구요, (10크로나 지폐 1장 내어주며) 90 크로나, (10 크로나 지폐 한 장 더 주며) 200 크로나입니다. 또 오십시오.

리스벳: 고맙습니다.

7-4. 연습문제

1. 다음 숫자를 스웨덴어로 쓰시오.

26	67	1981(연대)
98	72	2012(연대)
31	85	
43	99	2백 60만
54	165	

2. 다음 우리말을 스웨덴어로 바꾸시오.

우유 한잔,
차 한잔
물 두잔
사과 3개
집 한 채

오늘 하루도 수고 하셨습니다.

Lektion 8
åtta

Det ringer på telefonen. 전화벨이 울린다

Olsson: 12 91 53
울쏜 톨브 니띠엣 펨티트레

Rosén: Hej, det är Lasse Rosén.
로쎈 헤이 데 애 라쎄 로쎈

Olsson: Hur mår du?
울쏜 휘르 모르 뒤

Rosén: Tack, bara bra. Och du då?
로쎈 탁 바라 브라 오 뒤 도

Olsson: Jag har lite ont i halsen. Men annars är det bra.
울쏜 야 하르 리떼 옹뜨 이 할쎈 멘 아나르스 애 데 브라

Rosén: Jag ska titta på fotboll i morgon. Vill du gå med?
로쎈 야 스까 티따 포 풋볼 이 모론 빌 뒤 고– 메(드)

Olsson: Ja, gärna. När börjar det?
울쏜 야 얘르나 내르 버르야르 데

Rosén: Det börjar klockan två.
로쎈 데 버르야르 클로깐 트보

Olsson: Det är bra. Ska vi träffas vid Stadion klockan halv två?
울쏜 데 애 브라 스까 비 트래파스 비드 스타디온 클로깐 할브 트보

Rosén: Det kan vi göra.
로쎈 데 칸 비 여라

Olsson: Bra. I morgon halv två alltså.
울쏜 브라 이 모론 할브 트보 알쏘

Rosén: Ja, Hej då.
로쎈 야– 헤이 도

Olsson: Hej, hej.
울쏜 헤이 헤이

 8-1. 단어 익히기

전화번호 12 91 53은 10단위로 끊어 읽는다: tolv nittioett, femtiotre

lite 약간, 조금
ha ont i …가 아프다
hals ~en ~ar 목
annars 그렇지 않으면, 그 밖에
i morgon 내일

gå med 같이 가다
träffas träffades träffats
(서로) 만나다
halv två 1시 반

 8-2. 문법공부

1) Träffas (상호동사)

동작을 서로 주고받는 의미를 가진 동사를 **상호동사**라고 한다. 동사의 어미는 수동형처럼 **-s** 로 끝나며 이 동사가 쓰이는 문장의 주어는 항상 **복수**이어야 한다(23.2 참조).
  예; Vi träffas i morgon. 우리 내일 만나자
     Vi ses nästa vecka. 우리 다음 주에 보자.

2) 시계보기(1)

Hur mycket klockan? 또는 Vad är klockan? '몇 시 입니까?'라는 물음에 Klockan är två. '2시입니다.'라고 대답한다. 그러나 '1시 반(30분)' 이라고 말할 때는 "halv + två (그 다음 시수)"로 표시한다. 즉 Klockan är halv två. 10시 반(30분)은 halv elva가 된다.

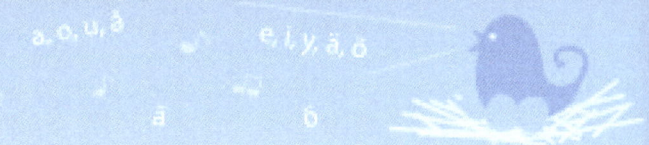

8-3 번역

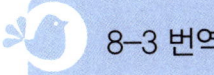

울손: 십이 구십일 오십삼 번입니다. (전화번호는 2자리 씩 끊어서 발음한다.)

로센: 잘 지내니? (나) *라쎄야*.

울손: 아 그래, 어떻게 지내는가?

로센: 잘 지내지, 그런데 자네는 어때?

울손: 나는 목이 좀 아파, 그 외로는 별일 없어.

로센: 내일 축구 경기를 구경하려는데 자네도 같이 갈래?

울손: 그래 좋지, 몇 시에 시작하는데?

로센: 2시 시작이야.

울손: 좋아, 그럼 1시 반에 공설운동장에서 만나지.

로센: 그럼 그렇게 해.

울손: 좋아 내일 1시 반에 말이지.

로센: 그래, 안녕!

울손: 안녕히

8-4. 연습문제

1. 다음 문장을 스웨덴어로 옮기시오.

1) 지금 몇 시입니까?
2) 음악회는 몇 시에 시작하나요? (음악회 koncert)
3) 저녁 7시에 시작합니다.
4) 내일 5시 반에 만날까요?
5) 우리 다음 주에 다시 만납시다.

2. 보기와 같이 아래 명사의 성과 수를 ( ) 속에 표시하시오.

[보기] häst (~en ~ar)

flicka (   )   pojke (   )   tåg (   )
rum (   )   fisk (   )   dag (   )
frukost (   )   arbete (   )   kyrka (   )

Lektion 9
nio

Svensson går in på en resebyrå.
스베손 씨가 여행사로 들어간다.

Resebyråmannen: Goddag. Vad kan jag stå till tjänst med?
레쎄뷔로만넨 　　　　구다- 　바 칸 　야 스토 틸 쎈스트 메

Svensson: Goddag - Jag ska åka till Oslo. Kan jag köpa
스벤손 　　　　구다- 　　야 스까 오까 틸 오슬로 칸 　야 셰-빠

biljetter här?
빌예떼르 해르

Resebyråmannen: Ja, det går bra. När ska ni åka?
레쎄뷔로만넨 　　　　야 데 　고르 브라 내르 스까 니 오-까

Svensson: På fredag kväll. Går det något tåg till Oslo då?
스벤손 　　　　포 프레다 크밸 고르 데 노곳 토-그 틸 오슬로 도

Resebyråmannen: Ja, det går ett tåg från Stockholm klockan
레쎄뷔로만넨 　　　　야- 데 고르 엣 토-그 프론 스톡홀름 클로깐

åtta på kvällen. Ni kan åka från Uppsala
오따 포 크밸렌 　　니 　칸 오까 프론 웁살라

klockan sex och byta i Stockholm.
클로깐 　　섹스 오 뷔-따 이 스톡홀름

Svensson: Finns det sovvagn på tåget?
스벤손 　　　　핀스 데 쏘브방느 포 토-겟

Resebyråmannen: Ja visst. Vill ni åka första klass eller andra klass?
레쎄뷔로만넨 　　　　야 비스트 빌 니 오-까 훠슈따 클라스 엘레르 안드라 클라스

En sovplatsbiljett i första klass kostar 940
엔 쏘브플라츠빌옛 이 훠슈따 클라스 코스따르 니에훈드 라 훠르띠

kronor och en andra klass kostar 700 kronor.
크로노르 오 엔 안드라 클라스 코스따르 슈-훈드라 크로노르

Svensson: Jag tar andra klass.
스벤손   야 타르 안드라 클라스

 9-1. 단어 익히기

Svensson   흔한 성씨 중의 하나
går in på   …로 들어가다
resebyrå ~n ~er   여행사
resebyrå/man -mannen -män
                여행사 직원
tjänst ~en ~er   봉사, 직, 서비스
stå tll tjänst med
                …에 봉사하다, 돕다
ska   …하려한다(미래조동사)
köp/a -er -te -t   사다
sovvagn[so:vvaŋn]
                '쏘브방느' 침대칸
tåg ~et ~   기차
ta tar tog tagit   가지다, 취하다

ja visst   물론이지요, 그럼은요
första klass   일등석
andra   두 번째, 제2의
sovbiljett ~en ~er
                (기차)침대권
Oslo   오슬로(노르웨이 수도)
biljett ~en ~er   승차표
det går bra   좋습니다, 됩니다
åk/a -er -te -t   타고 가다
fredag ~en ~ar   금요일
kväll ~en ~ar   저녁, 밤

9-2. 문법공부

1) någon, något, några

någon, något, några "몇몇의, 약간의" 는 명사 앞에서 형용사처럼 쓰이며 en-명사 앞에서는 någon, ett-명사 앞에서는 något, 복수명사 앞에서는 några가 각각 쓰인다. 단독으로는 대명사처럼 쓰여 주어나 목적어를 대신한다.

[보기] någon mat, något tåg, några dagar

2) 형식주어 det

det가 자동사와 함께 형식주어로 쓰일 때가 있다.

    Går **det** något tåg till Oslo då? 그때 오슬로로 가는 기차가 있습니까?

    Ja, **det** går ett tåg från Stockholm. 예, 스톡홀름에서 가는 기차가 하나 있습니다.

이들 문장에서 실제주어는 **tåg**이다.

3) 인사법

우리말의 '안녕하세요'에 해당하는 인사법은 하루의 시간대에 따라 다르다. 아침인사는 god morgon, 낮 인사 goddag, 오후인사 god middag, 저녁인사 god afton 등. 친구나 가족끼리 아주 가볍게 자주 건네는 인사말은 hej 이다. 안부인사에 대해서는 3.2에서 설명했다.

4) på kvällen '저녁에'

하루의 어느 때, 요일, 계절을 가리키는 명사 앞에는 전치사 på를 쓴다.

    på morgonen '아침에', på natten '밤에', på söndag '일요일에', på söndagarna '일요에는, 일요일마다', på våren (sommaren, hösten, vintern) '봄(여름, 가을, 겨울)에'

5) går in på (동사 +부사 +전치사)

스웨덴어에서는 동사(går) +부사(in) +전치사(på) 등이 나란히 함께 쓰여 '…로 들어가다'라는 뜻을 나타낸다. 따라서 이 경우에 in을 전치사로 착각해서는 안 된다.

    går in på en resebyrå. '여행사에 들어간다'

    går in i en affär '가게에 들어간다'

9-3 번역

여행사 직원: 안녕하세요. 무엇을 도와드릴까요?
스벤손: 안녕하십니까. 오슬로에 가려고하는 데요. 여기서 승차권을 살 수 있어요?
직원: 예, 그렇습니다. 언제 가시는데요?
스벤손: 금요일 저녁입니다. 그때 오슬로 가는 열차가 있습니까?
직원: 예, 스톡홀름에서 저녁 8시에 떠나는 기차가 있습니다.
웁살라에서 6시에 출발하여 스톡홀름에서 갈아타시면 됩니다.
스벤손: 열차에 침대칸도 있나요?
직원: 물론입니다. 일등칸을 타실까요, 2등칸을 타실까요?
일등칸 침대권은 940 크로나이고 2등칸 침대권은 700 크로나입니다.
스벤손: 2등칸으로 하겠습니다.

9-4. 연습문제

1. ( ) 속에 **någon, något, några** 중에서 하나를 골라 넣으시오.

   1) Har du ( ) bok om Korea? Ja, jag har bara en bok.
   2) Finns det ( ) äpple på bordet? Ja, det finns två äpplen.
   3) Hon har ( ) pennor i väskan.
   4) Har du ( ) bildböcker hemma?

2. **någon, något, några**를 사용하여 아래 문장을 스웨덴어로 바꾸시오.

   1) 음식이 좀 있습니까?
   2) 바나나가 몇 개 있습니다.
   3) 펜이 몇 자루 필요합니다.
   4) 이 방에 창문이 있습니까?

오늘 하루도 수고 하셨습니다.

Lektion 10
tio

Vid biblioteket   도서관 옆에서

Fru Källberg: Förlåt, var ligger sjukhuset?
프류 셸배리   퍼르롯 바르 리게르 슈크휘셋

Polisen: Det ligger i hörnet av Brogatan och Strandvägen.
폴리–센   데 리게르 이 허르넷 아브 브로가딴 오 스트란드배겐

                 Det tar bara ett par minuter att gå dit.
                 데 타르 바라 엣 파르 미뉴떼르 앗 고– 딧–

Fru Källberg: Jag har ganska ont i foten och kan inte gå.
프류 셸배리   야 하르 간스까 온트 이 후–뗀 오 칸 인떼 고–

                 Går det någon buss till sjukhuset?
                 고르 데 노곤 부쓰 틸 슈크휘셋

Polisen: Ja, ni kan ta buss nummer sex. Den stannar vid
폴리–센   야– 니 칸 타 부쓰 누메르 섹쓰 덴 스따나르 비드

                 biblioteket. Bussen kommer om tio minuter.
                 비블리오테껫 부쎈 콤메르 옴 티에 미뉴떼르

Fru Källberg: Jaså, Tack så mycket då.
프류 셸배리   야쏘– 탁 쏘 뮈께 도–

Polisen: Ingen orsak.
폴리–센   잉엔 우르샥

10-1. 단어 익히기

vid   …에서, …의 곁에서

bibliot´ek ~et ~   도서관

Källberg[çɛlbærj]   '셸배르이' 성씨.

förlåt förlåta   '용서하다'의 명령형 (för/låta -lät -låtit)

ligga ligger låg legat   놓여있다, 위치하다

sjukhus ~et ~   병원

i hörnet av   …의 모퉁이에

Brogatan, Strandvägen 처럼 명사가 -gatan 또는 -vägen로 끝나고 대문자로 시작하면 도시의 거리 이름을 가리킨다.

ett par minuter   이삼 분

ha ont i   …가 아프다

ganska   꽤, 어지간히

fot ~en fötter   발(사람, 동물의)

nummer numret ~   수, 번호

stanna ~r ~de ~t   서다, 정지하다

orsak 〈우ㄹ샥〉 ~en ~er   원인, 사유

ingen orsak   천만에요

10-2. 문법공부

1) den, det, de 의 용법

(1) 대명사 **den, det, de** 는 앞에 나온 명사를 받아 대신 쓰인다. **통성명사(en-명사)** 대신에 **den**, **중성명사(ett-명사)** 대신에 **det**, **복수명사** 대신에 **de** 이 쓰인다.

　　Är skolan stor? Nej, **den** är liten. '학교는 큰가요?' '아니오, 그것은 작아요.'
　　Var ligger huset? **Det** ligger på Strandvägen.
　　'집은 어디에 있지요? 그것은 스트란드배겐에 있어요.'
　　Varifrån kommer bussarna? **De** kommer från Göteborg.
　　'버스(들)는 어디서 오나요? 그들은 예테보리에서 옵니다..'

(2) det 가 주어로서 "그것은 …(명사) 입니다"라는 구문에서 쓰일 때는 명사의 성.수에 상관없이 det를 두루 사용할 수 있다. 또한 사람을 가리킬 때도 det를 사용한다. 그러나 동사 är 다음에 **형용사**가 오면 주어는 앞에 나온 명사의 성에 따라 det 또는 den으로 정해진다. 다음 예문들을 잘 살펴보아라.

　　Vad är det?　Det är en dörr. "그것이 무엇이지요? 그것은 문입니다."
　　Vad är det?　Det är ett fönster. "그것이 무엇이지요? 그것은 창문입니다."
　　Vilka är de?　Det är svenskar. "그들은 누구입니까? 그들은 스웨덴 사람들입니다."
　　Vem är Gullan?　Det är Ellins kusin. "굴란은 누구지요? 그는 엘린의 사촌입니다."
　　[비교] Vad är det?　Det är en bil. **Den** är mycket gammal.

(3) 비인칭 주어 det

　주어가 사람이 아닌 경우 문장을 시작할 때 쓰인다.

　　Det ringer på telefonen. "전화가 울린다"
　　Det blåser idag. "오늘은 바람이 분다"

(4) det가 앞에 나온 구, 절을 받을 때

　　Är du ensam?　Ja, det är jag. "혼자 있어요? 예, 그렇습니다."

2) att의 용법

att는 **부정법 표지**(영어 to)와 **접속사**(영어 that)의 두 가지 기능을 가진다.

본문의 Det tar bara ett par minuter att gå dit. "거기로 가는 데에 2~3분밖에 걸리지 않습니다." 이 문장에서 att gå 는 부정법으로 명사적 역할을 하여 앞에 나온 형식상의 주어 det를 받는다. 일상 대화체에서 att를 [o]로 발음하기도 한다.

10-3 번역

셸배리 부인: 실례합니다만 병원이 어디에 있습니까?
경찰: 브로가탄과 스트란드배겐의 모퉁이에 있습니다.
걸어서 2~3분이면 그곳에 갑니다.
셸배리 부인: 제가 다리가 꽤 아파서 걸을 수가 없어요.
병원 쪽으로 가는 버스가 있나요?
경찰: 예, 6번 버스를 타세요. 그 버스는 여기 도서관 옆에 섭니다.
버스가 10분 내로 옵니다.
셸배리 부인: 아 그래요. 대단히 감사합니다.
경찰: 천만에요.

10-4. 연습문제

1. ( ) 속에 den 또는 det 를 넣으시오.

   Vad är (　　　)? (　　　) är Svenssons bil.
   (　　　) är mycket fin. Men (　　　) är inte så dyr.
   Är (　　　) lätt att få en våning i Stockholm?
   Hans faster har en våning med många rum. (　　　) är en
   fin våning. (　　　) är en stor våning.

2. 우리말을 스웨덴어로 옮기시오.

   1) 오늘은 바람이 많이 불어요.
   2) 축구를 구경하는 것은 재미있어요.
   3) 학교가 어디에 있지요?
   4) 교회 옆에 있습니다.

Karins morfar 카린의 외할아버지

Karins morfar bor i Gamla Stan i Stockholm.
카린스 모르화르 부르 이 가믈라 스딴 이 스톡홀름

Han är åttio år och bor ensam med en liten katt i en våning på
한 애 오띠 오르 오 부르 엔쌈 메(드) 엔 리뗀 카트 이 엔 보닝 포
två rum och kök.
트보 룸 오 섹–

Han har ingen TV och ingen radio - bara en gammal grammafon,
한 하르 잉엔 테베 오 잉엔 라디오, 바라 엔 감말 그라마폰
som han spelar på varje kväll.
쏨 한 스펠라르 포 바르예 크밸

Han spelar gitarr också, men hans katt tycker inte om det, så
한 스펠라르 이타르 옥쏘 멘 한스 카트 튀께르 인떼 옴 데 쏘
han spelar bara varje torsdag.
한 스펠라르 바라 바르예 투슈다–

Då kommer Maria och hälsar på.
도 콤메르 마리아 오 핼사르 포

De äter ärtsoppa och dricker varm punsch och diskuterar politik
돔 애떼르 애르트쏘빠 오 드리께르 바름 푼쉬 오 디스큐테라르 폴리틱
eller dansar till morfars grammafon.
엘레르 단사르 틸 모르화르슈 그라마폰

11-1. 단어 익히기

Karins 카린의 (여자이름 Karin에 붙인 -s는 명사의 소유격)

morfar morfadern, morfäder 외할아버지

Gamla Stan 스톡홀름의 왕궁 부근 옛 시가지

åttio 여든, 팔십(80)

ensam 홀로, 외로이

en/ett (수사/ 부정관사) 하나

liten 작은

kök[çø:k] ~et ~ 부엌

ingen/inget 하나도 …없는, 조금도 … 아닌

radio ~n 0 라디오

grammafón ~en ~er 축음기

som 관계대명사 (영어 which, that에 해당; 12.2의 3)에서 자세히 설명)
      여기서는 som 앞의 grammafon에 연결된다.

spela ~r ~de ~t 연주하다, 운동경기를 하다

på 위에(장소, 물건), …에; …으로(방법)

varje 매 …마다, 각각

gitarr [jitár] ~en ~er 기타

hans 그의 (han의 소유격)

tycker om …을 좋아하다

inte (부정부사) … 아니다, … 않다 (영어 not에 해당)

så (접속사) 그래서, 그러므로

torsdag ~en ~ar 목요일
då 그 때, 그러면

komma kommer kom kommit 가까이 오다, 접근하다

hälsa på 방문하다, 잠깐 들르다

ärtsoppa ~n 0 완두콩과 돼지고기를 넣은 수프

dricka dricker drack druckit 마시다

varm 따뜻한, (음식, 목욕물이) 뜨거운

punsch[-ʃ] ~n 0 펀치(레몬즙, 설탕 등으로 만든 독한 술)

diskutera ~r ~de ~t 토론하다

politik ~n 0 정치, 정책

popmusik ~en 0 팝 뮤직

eller 혹은, 또는

dansa ~r ~de ~t 댄스하다, 춤추다

till … 에게, …에(맞추어)

11-2. 문법공부

1) 명사의 소유격

명사의 소유격은 끝에 -s를 붙여 만든다. 그러나 영어와는 달리 -s 앞에 소유격 부호 (')를 붙이지 않는다. Karins morfar '카린의 외할아버지'. 다만 -s 로 끝나는 고유명사는 끝에 (')만 붙여 소유격을 표시한다. Nils' bok '닐스의 책'.

그러나 성씨 끝에 -s를 붙이면 '가족'을 뜻한다. familjen Anderssons '안데르손씨 가족'

2) 부정사 ingen/ inget

ingen은 통성명사 앞에, inget은 중성명사 앞에 각각 쓰이며 의미는 부정을 나타내는 '…이 아니다' 이다.

Jag har ingen TV. '나는 TV가 없다.'   De har inget barn. '그들은 아이가 없다.'

3) 동사변화 유형

스웨덴어 동사는 **어미**와 **어간**의 변화 유형에 따라 **4가지**로 분류된다. **제 1, 2, 3 변화동사**는 **어간**에 일정한 어미를 붙이는 **규칙동사**이고, **4변화동사**와 **불규칙동사**는 **어간모음**이 바뀐다. 불규칙동사는 보통 제4변화동사에 포함시킨다(부록: 강변화동사 및 불규칙동사표 참조). 전통적으로 규칙동사는 **약변화동사**, 제4변화동사는 **강변화동사**라고 부른다.

스웨덴어 동사 변화표

동사의 종류	부정법	현재	과거	완료분사
제1변화	tala/	tala/**r**	tala/**de**	tala/**t**
제2변화	a) ring/a b) läs/a	ring/**er** läs/**er**	ring/**de** läs/**te**	ring/**t** läs/**t**
제3변화	tro	tro/**r**	tro/**dde**	tro/**tt**
제4변화	drick/a	drick/**er**	dr**a**ck	dr**u**ckit

위 변화표에 제시된 바와 같이 모든 동사의

(1) **부정법(infinitiv)**은 **어간**(사선 / 앞부분)에 **어미 -a**를 붙여 만든다. 제1변화동사와

같이 어간이 -a로 끝나면 그 자체가 부정법이 된다. 다만 제3변화동사는 예외로 어간과 부정법이 똑같다.

(2) **현재형**은 제1변화동사, 제3변화동사는 어간에 **-(a)r** 를 붙인다. 제2변화동사와 제4변화동사는 어미 **-er**를 붙인다.

(3) **과거형**은 어간에 과거어미 **-de** (제1,제2변화동사)와 **-dde** (제3변화동사)를 붙여 만든다. 다만 **제2변화동사**에서 어간이 **유성자음(d,g,j,l,m,n,ng,r,v)**으로 끝나면 **-de (2a)** 를 붙이고, **무성자음(k,p,t,s)**으로 끝나면 **-te (2b)**를 붙인다.
[보기] ring/er ring/de (전화하다), händ/er hän/de (일이 발생하다)
 köp/er köp/te (사다), läs/er läs/te (읽다)
제4변화동사의 과거형은 어미를 붙이지 않고 대신 **어간 모음**이 바뀐다
[보기] drikcer drack (마시다), finnas fanns (…가 있다)

(4) **완료분사형**은 제1, 제2변화동사는 어간에 어미 **-t**, 제3변화동사는 어미 **-tt**를 붙인다. 제4변화동사는 어미 **-it**를 붙인다.

4) 동사의 용법

(1) **현재시제**: 현재 진행 중인 동작(영어의 진행형), 규칙적 습관, 진리, 미래의 동작 등을 나타낸다.
Jag *arbetar* nu. "나는 지금 일하고 있다." (진행)
Han *ringer* till sin mamma varje dag. "그는 매일 자기 어머니한테 전화를 건다." (습관)
Jorden *går* runt solen. "지구는 태양 주위를 돈다." (진리)
Om en vecka *reser* jag bort. "일주일 후에 나는 여행을 떠난다." (미래)

(2) **과거시제**: 이미 끝난 동작, 보통 과거시점을 알리는 부사와 함께 쓰인다.
Jag *lyssnade* på radio igår. "나는 어제 라디오를 들었다"
겸손한 부탁, 요구를 할때 서법조동사의 과거형을 사용한다.
Jag *ville* ha en sådan, tack. (현재형 vill 대신에) "나는 그런 것을 하나 원합니다."
Han *skulle* vilja ha ett glas vatten. (ska 대신에) "그는 물 한잔을 원합니다."

느낌, 감정을 나타내는 비인칭 구문에서 현재형 대신에.

Det *var* synd, att du är sjuk! "네가 아프다니 안됐구나"

Det *var* roligt att se dig! "너를 보니 반갑다!"

(3) **현재완료**: 형식은 조동사 ha 의 현재형 '**har +완료분사 = 현재완료**'

동작이 끝난 시점이 부정확하거나 반복된 동작을 표시한다.

Hon *har köpt* en väska i London. "그녀는 런던에서 가방을 하나 샀다."

Han *har läst* boken varje dag. "그는 매일 그 책을 읽었다."

(4) **과거완료**: 조동사 과거형 '**hade +완료분사 = 과거완료**'

과거시제 보다 한 단계 앞서 일어난 동작을 표시한다.

Innan jag kom hit, *hade* jag *spelat* fotboll. "여기로 오기 전에 나는 축구를 했다."

(5) **미래시제**: 형식은 다음과 같은 3가지 방식으로 구성된다.

ska+부정법: Vi *ska resa* till Sverige nästa vecka. "우리는 다음 주에 *스웨덴*으로 여행한다."

현재형+미래부사: De *åker* till Busan i kväll. "그들은 오늘 저녁에 *부산*으로 떠난다."

kommer att +부정법: Det *kommer att regna* i morgon. "내일 비가 올 것이다."

(단순미래로 주어의 의지와 무관하다)

11-3 번역

*카린*의 외할아버지는 스톡홀름의 *가믈라스탄*에 사신다. 그는 80세이신데 부엌이 딸린 방 2칸짜리 아파트에서 작은 고양이 한 마리와 함께 홀로 사신다. 그는 텔레비전도 라디오도 없이 오래된 축음기 한 대만 가지고 있는데 매일 저녁 그것을 틀어 놓는다.

그는 기타도 연주한다. 그러나 그의 고양이가 그것을 싫어해서 목요일 저녁에만 기타를 켠다. 그때는 *카린*이 방문을 온다. 그들은 함께 완두콩 수프를 먹고 따끈한 펀치술도 마신다. 그리고는 정치토론을 벌이거나 외할아버지의 축음기에 맞춰 춤을 추기도 한다.

11-4. 연습문제

1. 다음 동사의 현재형을 쓰고 발음해 보세요.

   tala (　　　)　　öppna (　　　)
   ha (　　　)　　hälsa (　　　)
   stänga (　　　)　　sy (　　　)
   komma (　　　)　　läsa (　　　)
   skriva (　　　)　　säga (　　　)

2. 다음 동사의 과거형을 쓰시오.

   öppna (　　　)　　sy (　　　)
   stänga (　　　)　　komma (　　　)
   skriva (　　　)　　läsa (　　　)

3. 다음 동사의 현재완료형을 만드시오.

   träffa (　　　)　　bo (　　　)
   åka (　　　)　　dricka (　　　)
   studera (　　　)　　springa (　　　)

오늘 하루도 수고 하셨습니다.

Min dag 나의 하루

Väckarklockan ringer klockan sju på morgonen.
백까르 클로깐   링에르   클로깐 슈- 포   모로넨

Det är tidigt, men jag måste stiga upp för att inte komma för
데 애 티디트 멘 야 모스떼 스티가 웁 훠랏 인떼 콤마 훠르

sent till arbetet. I badrummet tvättar jag mig i kallt vatten.
쎈트 틸 아르베뗏 이 바드룸멧 트뱃따르 야 메이 이 칼트 바뗀

Det är ett bra sätt att bli vaken. Jag äter en hastig frukost och
데 애 엣 브-라 쌔트 앗 블리 바-껜 야 애떼르 엔 하스티그 프루코스트 오

går till mitt arbete på kontoret.
고르 틸 밋 아르베떼 포 콘투렛

Klockan tolv går jag till lunch. Man äter en god lunch på en liten
클로깐 톨브 고르 야 틸 룬쉬 만 애떼르 엔 굿- 룬쉬 포 엔 리-뗀

restaurang inte långt från kontoret. På eftermiddagen har
레스또랑   인떼 롱트 프론 콘투렛   포 에프터미다겐 하르

vi en kort kafferast och arbetar sedan till klockan fem. Om det
비 엔 코르트 카페라스트 오 아르베따르 센 틸 클로깐 펨 옴 데

är vackert väder, går jag hem; det är bättre än att åka. Tunnel-
애 바께르트 배데르 고르 야 헴 데 애 배뜨레 앤 앗 오까 툰넬

banan och bussar är fulla med människor, som åker hem från
바-난 오 부싸르 애 훌라 메드 매니쇼르 쏨 오께르 헴 프론

arbetet.
아르베뗏

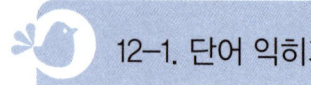
12-1. 단어 익히기

min   나의

dag ~en ~ar   날, 일, 하루

väckarklock/a -an -or   자명종

tidig   이른

stiga upp   일어나다

för att inte komma för sent   …에 늦지 않도록

lunch[lunʃ]~en ~er   점심식사

kafferast ~en ~er   커피 휴식

sent   늦게

arbete ~t ~n   일, 직장

badrum ~met ~   욕실

tvätta ~r ~de ~t   씻다, 빨래하다

mig   나에게, 나를

hastig   급한, 서두르는

kallt kall   "추운, 차가운"의 중성형

människ/a -an -or   인간

som   관계대명사(77쪽 참조)

bra   좋은 (음식, 인사말에는 god을 쓴다)

sätt ~et ~   방법, 방식

vaken   잠이 깬

frukost ~en ~ar   아침식사

kontor ~et ~   사무실

på eftermiddagen   오후에

väd/er -ret ~   기후, 날씨

bättre god/ bra   '좋은'의 비교급

bättre än   …보다 더 좋은

åka   타고 가다

tunnelbana ~n ~er   지하철

buss ~en ~ar   버스

fulla full   '가득찬'의 복수형

med   …와 함께

12-2. 문법공부

1) 소유대명사 (Min, mitt, mina)

min bok '나의 책', mitt arbete '나의 일', mina böcker '나의 책들'처럼 명사 앞에서 소유 관계를 나타내는 품사를 **소유대명사** 또는 **소유형용사**라고 한다. 형용사처럼 **인칭**과 명사의 **성·수**에 따라 어형이 변하기 때문에 이렇게 부른다. 그런데 1,2인칭의 소유대명사는 명사의 성·수에 따라서 어형이 변화하지만 3인칭의 경우는 바뀌지 않아서 간편하다.

[예문]

Jag har en fin våning.	**Min** våning är fin.	'나의 아파트는 좋다.'
Jag har ett stort hus.	**Mitt** hus är stort.	'나의 집은 크다.'
Jag har två stora rum.	**Mina** rum är stora.	'나의 방은 크다.'
Vi har en kort kafferast.	**Vår** kafferast är kort.	'우리들의 커피휴식은 짧다.'
Du har en vacker hustru.	**Din** hustru är vacker.	'너의 부인은 아름답다.'
Du har ett litet hus.	**Ditt** hus är litet.	'너의 집은 작다.'
Du har mörka strumpor.	**Dina** strumpor är mörka.	'너의 스타킹은 검다.'
Ni har bruna skor.	**Era** skor är bruna.	'너희들의 구두는 갈색이다.'
Han har gamla föräldrar.	**Hans** föräldrar är gamla.	'그의 부모는 연세가 많다'.
De har ett fint badrum.	**Deras** badrum är fint.	'그들의 욕실은 좋다.'

소유대명사 변화표

		단 수		복 수	
		〈통성〉	〈중성〉	〈양성 공통〉	
1인칭	(jag)	min 나의	mitt 나의	mina	나의
	(vi)	vår 우리들의	vårt 우리들의	våra	우리들의
2인칭	(du)	din 너의	ditt 너의	dina	너의
	(ni)	er 너희들의 당신의(존칭),	ert 너희들의 당신의(존칭)	era	너희들의, 당신의, 당신들의
		Eder 귀하의	Edert 귀하의	Edra	귀하의
*3인칭	(han)	hans	그의		
	(hon)	hennes	그여자의	deras	그들의
	(den,det)	dess	그것의		

[주의] 소유대명사의 1인칭과 2인칭에서 성과 단수/ 복수의 구별은 소유주가 아니라 소유되는 사물로 결정된다.

  vår bil '우리 자동차' (통성, 단수) er hund '너희 개' (통성, 단수)
  vårt hus '우리 집' (중성, 단수) ert hus '너희 집' (중성, 단수)
  våra bilar '우리 자동차들' (통성, 복수) era hundar '너희 개들' (통성, 복수)

2) 형용사 어미변화: 중성어미 -t 와 복수어미 -a

형용사가 명사 앞에 오면 그 명사의 성·수에 따라 **-t**(중성어미) 또는 **-a**(복수어미)가 붙는다. 형용사가 동사 뒤에서 술어적으로 쓰일 때도 동일한 어미가 붙는다.

이들을 형용사의 **부정형 어미**라고 부른다. 그러나 통성단수 명사 앞에서는 형용사의 **원형**이 그대로 쓰인다.

  kall mat 찬 음식 (통성) Maten är kall. 음식이 차다
  kallt vatten 찬물 (중성) Vattnet är kallt. 물이 차다
  kalla dagar 추운 날들 (복수) Bussarna är fulla. 버스가 만원이다.

(1) 형용사의 **정형어미 -a**

한편 '독립정관사+형용사+정형명사'(어말관사 명사)의 관계에서는 명사의 성·수에 상관없이 **형용사** 끝에 어미 **-a**를 붙인다. 이를 **형용사의 정형어미**라고 부른다. 여기서는 정관사가 명사 끝과 형용사 앞에 이중으로 오는 셈이다.

  den kalla maten 찬 음식 (지정된)
  det kalla vattnet 찬물 (지정된)
  de kalla dagarna 추운 날들 (지정된)

형용사 어미변화

	부정형	정형
en-명사	-	-a
ett-명사	-t	-a
복수명사	-a	-a

(2) 다음 형용사들은 예외적으로 **중성 단수형**에서 **어미 -tt**를 붙인다.

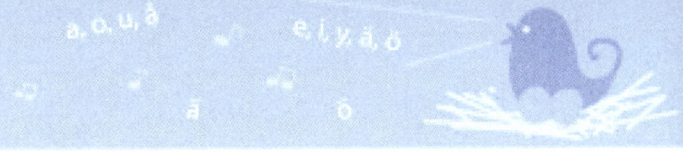

통성	중성	복수	
ny	nytt	nya	'새로운'
blå	blått	blåa	'푸른'
grå	grått	gråa	'회색의'
fri	fritt	fria	'자유의'

(3) 다음 형용사들은 **중성형**에서 -d 를 빼고 **-tt** 를 붙인다.

röd	rött	röda	'붉은'	ett rött äpple '붉은 사과'
god	gott	goda	'좋은'	ett gott päron '맛있는 배'
bred	brett	breda	'넓은'	ett brett skärp '넓은 허리띠'
glad	glatt	glada	'기쁜'	ett glatt ansikte '환한 얼굴'

(4) **무변화 형용사:** bra '좋은', extra '특별한', äkta '진짜의', 현재분사(동사어간 +ande/ende) 와 같은 형용사들은 변화하지 않는다.
en bra kamera '좋은 카메라', ett bra exempel '좋은 예'

3) 관계대명사 som

관계대명사는 두 개의 절을 이어주는 접속사와 대명사의 구실을 하며 뒤에 나오는 수식절을 앞에 나온 명사(선행사)에 연결시켜준다. 스웨덴어 관계대명사에는 **som** 과 **vilken** 이 있다. **som** 은 회화체나 문어체에서 두루 쓰이며 선행사의 성·수에 상관없이 항상 일정하다.

반면에 **vilken**은 문어체에만 쓰이며 선행사가 중성이면 **vilket**, 복수이면 **vilka**로 바뀐다. 이들은 **주격**과 **목적격**으로 사용되나 다만 **som** 앞에는 전치사가 올 수 없다. 따라서 목적격으로 쓰일 때 전치사를 앞세우려면 vilken/ vilket/ vilka를 사용해야 한다.

människor **som** åker hem	집으로 가는 사람들 (주격)
huset [**som**] han bor i	그가 살고 있는 집 (목적격 생략 가능)
huset i **vilket** han bor	그가 살고 있는 집 (문어체 목적격)
Vi hittade en nyckel och en mynt, **vilka** hade glidit ner i lådan.	우리는 서랍 안으로 미끄러진 열쇠와 동전을 찾았다 (문어체 복수 주격)

 12-3 번역

아침 7시에 자명종이 울린다. 이른 시간이지만 직장에 늦지 않으려면 일어나야 한다. 나는 욕실에서 찬물로 세수를 한다. 잠을 깨는 좋은 방법이다. 아침을 급히 먹고 직장 사무실로 나간다.

12시에는 점심식사를 하러 간다. 사무실에서 멀지 않은 작은 식당에서 점심을 잘 먹는다. 오후에는 잠간 커피휴식을 하고 나서 5시까지 일한다. 날씨가 좋으면 걸어서 집에 간다. 그게 타고 가는 것보다 낫다. 지하철과 버스는 귀가하는 사람들로 만원이다.

12-4. 연습문제

1. 속에 알맞은 소유대명사를 넣으시오.

   Hon har en vacker tavla. (   ) tavla är vacker.
   Vi har ett kort samtal. (   ) samtal är kort.
   Ni har ett stort hus. Är (   ) hus stort?
   Han har en fin fru. (   ) fru är fin.
   De har en duktig pojke. (   ) pojke är duktig.

2. 왼편 형용사의 알맞은 형을 (   ) 속에 써넣으시오.

   stor   Hon har en (   ) våning.
           Huset har ett (   ) fönster.
           De har två (   ) bilar.
   dyr   Har du köpt en (   ) lampa?
           Har du köpt ett (   ) draperi?
           Vi har köpt några (   ) tavlor.
   ny   Har du köpt en (   ) säng?
           Har du köpt ett (   ) bord?
           Har du köpt två (   ) stolar?

3. (   ) 속에 관계대명사 som, vilken중에서 알맞은 것을 넣으시오.

   Pennan (   ) jag skriver med är blå.
   Pennan med (   ) jag skriver är blå.
   Vad heter mannen (   ) du pratade med?
   Vad heter mannen med (   ) du pratade med?
   Det var min mamma (   ) jag hälsade på.

   오늘 하루도 수고 하셨습니다.

Lektion 13
tretton

Hur mycket är klockan ?   몇 시입니까?

A: Hur mycket är klockan nu?
휘르 뮈께 애 클로깐 뉘-

B: Klockan är kvart över elva.
클로깐 애 크바르트 외베르 엘바

A: Vad är klockan?
바- 애 클로깐

B: Klockan är kvart i tolv.
클로깐 애 크바-르트 이 톨브

A: När kommer bussen?
내르 콤메르 부쎈

B: Bussen kommer tio minuter över sju.
부쎈 콤메르 티에 미뉴떼르 외베르 슈-

A: Hur dags går tåget?
휘르 닥스 고르 토겟

B: Tåget går tjugo minuter i sex.
토겟 고르 슈고 미뉴떼르 이 쎅스

A: När börjar radioprogrammet?
내르 버르야르 라디오프로그람멧

B: Radioprogrammet börjar fem minuter i halv två.
라디오프로그람멧 버르야르 펨 미뉴떼르 이 할브 트보

A: Hur dags slutar TV-programmet?
휘르 닥스 슬류따르 테베 프로그람멧

B: TV-programmet slutar fem minuter över halv nio.
테베 프로그람멧 슬류따르 펨 미뉴떼르 외베르 할브 니에

13-1. 단어 익히기

klock/a -an -or   시계, 시간 (시간을 알릴 때는 숫자 앞에 반드시 klockan을 붙인다.)

klockan 7   '7시' (영어의 7 o'clock에 해당).

radioprogram ~met~   라디오 프로그램

hur dags   몇 시에 (…하느냐?)

hur mycket klockan?   몇 시입니까?

vad är klockan?   몇 시입니까?

13-2. 문법공부

현재 시간을 묻는 방식에는 두 가지가 있다: Hur mycket är klockan? / Vad är klockan? 보통 Klockan är två. "2시입니다."라고 대답한다. 그러나 **klockan** 대신에 **den** 또는 **hon**을 쓰기도 하는데 det 는 안 쓴다. 또한 '몇 시에, 언제 … 하느냐?' 라는 질문은 hur dags … 또는 när … 로 시작한다. Hur dags börjar du arbeta? '몇 시에 일을 시작하세요?'

"… (몇 시)를 지나서" 는 전치사 **över**를, "… (몇 분) 전"은 전치사 **i** 를 사용한다. Klockan är fem över tre. "3시 5분입니다.", Klockan är fem i tre. "3시 5분 전입니다." 15분을 말할 때는 kvart 라는 단어를 쓴다.
kvart över sex "6시 15분", kvart i sex "6시 15분전"

"… 시 반(30분)"이라고 할 때는 halv 를 쓴다. 본문에서 halv två 는 2시 반이 아니고 "1시 반"이다. 즉 '2시를 향한 반시간'이란 뜻이다.
한 가지 특이한 점은 20~40분까지는 "반"을 기준으로 "몇 분전" 또는 "몇 분 지난" 식으로 표현한다. 따라서 3시 25분은 fem i halv fyra '3시 반 5분전'이라 하고 3시 35분은 fem över halv fyra '3시 반을 지난 5분' 식으로 표현한다.

Hur mycket är klockan? '몇 시지요?'
Klockan(Den, Hon) är ett. '1시입니다.'

Vad är klockan? '몇 시지요?'
Klockan är två. '2시입니다'

När går tåget ? '기차는 몇 시에 떠나지요?'
Tåget går klockan tre. '기차는 3시에 떠납니다.'

Hur dags går bussen? '버스는 몇 시에 갑니까?'
Bussen går halv fyra. '버스는 3시 반에 갑니다.'

När går färjan till Gotland? '연락선은 몇 시에 고틀란드로 떠나지요?'
Den går kvart över fem. '5시 15분에 떠납니다.'

Hur dags går nästa färja?   '다음 연락선은 몇 시에 떠나지요?'
Den går tjugo (minuter) över sex.   '6시 20분에 떠납니다.'

När kommer flygplanet från Köpenhamn?
'코펜하겐 에서오는 비행기는 몇 시에 도착합니까?'
Det kommer kvart i sju.   '7시 15분전에 도착합니다.'

När kommer nästa plan?   '다음 편 비행기는 언제옵니까?'
Det kommer tjugo (minuter) i tio.   '10시 20분전에 옵니다.'

Hur dags kommer vi fram till Malmö?
'몇 시에 우리는 말뫼 에 도착합니까?'
Vi är framme fem (minuter) i halv nio.   '우리는 8시 25분에 도착합니다.'

13-3 번역

A: 지금 몇 시지요?
B: 11시 15분입니다.
A: 몇 시입니까?
B: 12시 15분 전입니다.
A: 버스가 언제 오나요?
B: 버스는 7시 10분에 옵니다.
A: 기차는 몇 시에 떠납니까?
B: 기차는 6시 20분 전에 떠납니다.
A: 라디오 프로는 언제 시작하나요?
B: 라디오 프로는 1시 25분에 시작합니다.
A: TV-프로는 언제 끝납니까?
B: TV-프로는 8시 35분에 끝납니다.

13-4. 연습문제

다음 물음에 대한 우리말 대답을 스웨덴어로 옮기시오.

1) Hur mycket klockan?　　　10시 15분입니다.
2) Vad är klockan?　　　　　2시 45분입니다.
3) När stiger du upp?　　　　7시 정각에 일어납니다.
4) Hur dags börjar ditt arbete?　8시 30분에 시작합니다.
5) När äter ni middag?　　　　대개 6시 경에 먹습니다.

오늘 하루도 수고 하셨습니다.

Lektion 14
fjorton

Jag hör på radio. 나는 라디오를 들어요.

Jag köpte en ny radio häromdagen. Det svenska programmet
야 셰프테 엔 뉘 라디오 해롬다겐   데 스벤스까 프로그람멧
är så tråkigt, att man ofta vill ta in utlandet. Jag kunde inte göra
애 쏘 트로끼트 앗 만 오프타 빌 타 인 윗트란뎃 야 쿤데 인떼 여라
det med den gamla apparaten. Den var verkligen dålig.
데 메(드) 덴 가믈라 아빠라뗀   덴 바 배르클리겐 돌리그
Jag sätter på radion varje morgon för att höra nyheterna och
야 쌔떼르 포 라디온 바르예 모론   훠랏 허-라 뉘헤떼르나 오
väderleksrapporten, innan jag går till arbetet. Förresten har
배데르렉스라포ㄹ뗀   이난 야 고르 틸 아르베뗏 훠레스뗀 하르
jag radion på nästan alltid. Jag tycker om att lyssna på musik,
야 라디온 포 내스딴 알티드 야 튀께르 옴 앗 뤼스나 포 뮤식-
men de långa föredragen och de politiska diskussionerna
멘   돔 롱아 훠레드라겐 오 돔 폴리티스까 디스쿠숀네ㄹ나
intresserar mig inte.
인트레세라르 메이 인떼.

14-1. 단어 익히기

häromdagen	일전에, 요전에	
tråkig	지루한	
ta in utlandet	외국방송을 틀다	
så ~ att	…해서 …하다	
göra gör gjorde gjort	…을 하다	
gamla	gammal의 정형 '낡은, 오래된'	
appar´at ~en ~er	기기, 기자재	
verkligen	정말로, 실제로	
dålig	나쁜	
sätta på	(라디오, 스위치) 틀다, 켜다	
diskussion[-ʃ´oːn] ~en ~er	토론	

nyhet ~en ~er   소식, 뉴스
nyheterna   nyhet의 복수정형
väderleksrapport ~en ~er   일기예보
förresten   그 밖에, 그 외로
nästan   거의
lyssna på   …을 듣다
mus´ik ~en 0   음악
lång   긴, (키가) 큰
föredrag ~et ~   강연, 강의
politisk   정치의, 정치적

* 본문 중 'Förresten har jag radion på nästan alltid'는 har jag satt på radion 에서 본동사 satt를 생략한 것으로 볼 수 있다.

14-2. 문법공부

1) att 부정법

Jag tycker om **att lyssna** på musik. '나는 음악을 듣기 좋아한다.'

부정법은 동사의 기본형으로 부정법 앞에는 일반적으로 att 가 온다. 이것은 부정법 표지로 영어의 to에 해당한다. 회화체에서는 att를 [o]로 발음하기도 한다.

그 밖에 att는 절을 이끄는 **종속접속사**로도 사용된다.

Jag tror **att han har rätt.** '나는 그가 옳다고 생각한다.'

2) 부정사 inte의 위치

inte는 **주절**에서 술어동사(복합시제에서는 조동사) **다음에** 오고, **종속절**에서 술어동사 **앞에** 온다. 하지만 주절에서도 목적어가 인칭대명사이면 그 대명사 다음에 온다.

Han kommer **inte** idag. (주절)

Han säger att han **inte** kommer idag. (종속절)

Jag älskar henne **inte.** (인칭대명사 목적격)

특히 부정법(att +동사원형)을 부정할 때 inte는 att 다음 즉 동사 앞에 온다.

Jag springer för att **inte** komma för sent till skolan.

나는 학교에 지각하지 않도록 뛰어간다.

14-3 번역

나는 일전에 새 라디오를 하나 샀다. 스웨덴 프로는 아주 지루해서 자주 외국방송을 듣게 된다. 오래된 그 기기로는 그렇게 할 수가 없다. 그 라디오는 정말 성능이 나쁘다. 나는 매일 아침 뉴스와 일기예보를 듣고자 라디오를 켠다. 그 외로도 라디오를 거의 항상 켜놓고 있다. 나는 음악을 듣기는 좋아하지만 긴 강연이나 정치토론은 흥미가 없다.

14-4. 연습문제

다음 ( ) 속에 알맞은 독립관사와 주어진 형용사를 넣으시오.

1) brun

  Hon packade ner (   ) (   ) klänningen.
  Hon packade ner (   ) (   ) skärpet.
  Hon packade ner (   ) (   ) skorna.

2) dyr

  Han vill köpa (   ) (   ) bilen.
  Han vil köpa (   ) (   ) huset.
  Han vill köpa (   ) (   ) tavlorna.

Familjen Larsson   라르손씨 가족

Mats Larsson är trettio år. Han är svetsare och arbetar på
맛쓰 라르손 애 트레띠 오르 한 애 스벳싸레 오 아르베따르 포
en stor fabrik, som ligger i Solentuna, utanför Stockholm.
엔 스투르 화브릭 쏨 리게르 이 쏠렌튜나 위딴훠르 스톡홀름
Han börjar klockan sju och slutar klockan halv fem. Det är en
한 버르야르 클로깐 슈– 오 슬류따르 클로깐 할브 휌 데 애 엔
lång arbetsdag, och han är trött, när han kommer hem från
롱 아르벳스다그 오 한 애 트룃 내르 한 콤메르 헴 프론
fabriken. Hans fru är Ann tjugofem år och är sekreterare på
화브리껜 한스 프류 애 안 슈고펨 오르 오 애 쎄크레테라레 포
ett kontor. Mats åker buss till och från arbetet, men Ann åker
엣 콘투르 맛쓰 오께르 부쓰 틸 오 프론 아르베뗏 멘 안 오께르
bil. Hon lämnar Gustav, deras son på ett daghem på morgonen.
빌– 혼 램나르 구스타브 데라스 쏜– 포 엣 다그헴 포 모로로넨
På kvällen köper hon mat i affären brevid deras hus.
포 크밸렌 셰뻬르 혼 마–트 이 아패렌 브레비드 데라스 휘스

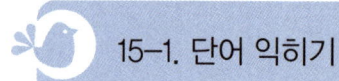

15-1. 단어 익히기

familj ~en ~er	가족	
svetsare ~n ~	용접공	
fabr´ik ~en ~er	공장	
som	관계대명사	
börja ~r ~de ~t	시작하다	
sluta ~r ~de ~t	끝나다	
utanför	…밖에, 교외에	
arbetsdag ~en ~ar	평일; 일일 작업시간	
trött	피곤한	

sekreterare ~n ~	비서
kontor ~et ~	사무실
åk/a -er -te -t	차타고 가다, 운전하다
till och från	왕복, 오가는 데에
lämna ~r ~de ~t	남기다, 맡기다
daghem ~et ~	탁아소
aff´är ~en ~er	상점, 가게
brev´id	…곁에, 옆에
när	…할 때에

15-2. 문법공부

전치사

전치사는 명사, 대명사, 부정법 앞에 와서 이들을 문장 내의 다른 요소들과 연결시켜주는 구실을 한다. 스웨덴어 전치사는 무려 150여개나 될 정도로 종류와 용법이 다양하여 외국인들에게는 가장 어려운 품사에 속한다. 따라서 규칙을 외우기보다는 구체적 사용례를 익히는 것이 중요하다. 본문에 나온 전치사들을 분류해 본다.

- 장소 **på, i** : på en fabrik, i affären, i Solentuna
- 위치 **utanför, brevid** : utanför Stockholm, brevid deras hus
- 방향 **till, från** : till arbetet, från skolan
- 때, 시점 **på** : på kvällen, på morgon

[주의] på 와 i

둘 다 장소 표시 전치사로 "…에, 에서"에 해당하지만 어느 명사 앞에 오느냐에 따라 그 쓰임새가 결정된다. 따라서 습관상의 차이라고 생각하여 관용구처럼 외워두는 수밖에 없다.

på en restaurang 레스토랑에서, på en skola 학교에서, på ett hotel 호텔에서, på en bio 영화관에서;

i en stad 도시에서, i en lägenhet 아파트에서, i ett kök 부엌에서, i ett rum 방에서, i affären 상점에서

15-3 번역

맛쓰 라르손은 30세이다. 그는 용접공으로 스톡홀름 교외의 솔렌튀나에 있는 큰 공장에서 일한다. 일곱 시에 일을 시작해서 4시 반에 끝난다. 긴 하루일정이다. 공장에서 집으로 돌아오면 그는 피곤하다. 그의 부인 안은 25세로 사무실에서 비서로 근무한다. 맛쓰는 직장에 출퇴근할 때 버스를 타는데 안은 차를 운전한다. 그녀는 아침마다 아들 구스타브를 탁아소에 맡긴다. 저녁에는 집 근처의 상점에서 식품을 산다.

15-4. 연습문제

1. 아래 문장의 ( ) 속에 전치사 **på, i, till** 중에서 알맞은 것을 넣으시오.

   1) Det finns tre stolar (   ) rummet.
   2) Han har några pennor (   ) bordet.
   3) Det finns ingen säng (   ) huset.
   4) Det står många träd (   ) parken.
   5) Han går (   ) fruktaffären varje dag.
   6) Jag var (   ) Köpenhamn ett par dagar.
   7) Vi reste (   ) Sverige 1980.
   8) De går (   ) bio i kväll.

2. 다음 문장을 스웨덴어로 바꾸시오.

   1) 그는 아침부터 저녁까지 일한다.
   2) 나는 아침에 일찍 일어난다.
   3) 우리는 가게에서 사과 3개를 샀다.
   4) 어머니는 공장에서 일하신다.
   5) 우리는 부활절에 영국으로 여행한다.

Lektion 16
sexton

Hos tandläkaren   치과의원에서

Jag har varit hos tandläkaren. Varför det? Det har ont i ett par tänder. Jag har fått läkarbehandling med detsamma. Är det bättre nu? Ja, det är det! Och hur står det till med dej? Jag har fått förkylning. Men du hostar inte. Inte nu, jag har varit hos läkaren. Han skrev ut en medicin. Om jag inte är bättre om en vecka, bör jag beköka läkaren igen. I Sverige måste man beställa tid innan man går till sjukhuset.

입헌군주국 스웨덴의 상징 왕궁

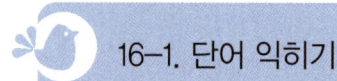

16-1. 단어 익히기

hos …의 집(댁)에	hur står det till? 어떻게 지내세요?
tandläkare ~n ~ 치과의사	förkylning[fœrçˊy:lniŋ] ~en ~ar 감기
varför 왜, 무슨 이유로	hosta ~r ~de ~t 기침하다
det har ont i …가 아프다 (det는 형식상의 주어로 쓰인다)	läkare ~n ~ 의사
	beställ/a -er -de -t (시간) 예약하다
tand ~en tänder 이, 치아	innan …하기 전에
läkarbehandling ~en ~ar 의사 진료	besök/a -er -te -t 방문하다
med detsamma 바로, 즉시	klinˊik ~en ~er 개인(전문)병원
skriva ut (증명, 처방전) 써주다	böra bör borde bort … 해야 한다
medicˊin ~en ~er 의약, 약품	om en vecka 일주일 후에

16-2. 문법공부

1) 현재완료형 (11.2의 4) 참조)

har varit은 vara "이다, 있다"의 현재완료형이다. <ha +완료분사>는 완료형을 만드는데 조동사 ha 가 현재형 '**har**'이면 **현재완료**가 되고 과거형 '**hade**'이면 과거완료가 된다. 현재완료형은 이미 완료된 동작, 현재까지 진행 중인 동작, 상태, 과거 경험 등을 나타낸다. har varit hos tandläkaren '치과에 다녀왔다'는 끝난 동작을 표시한다.

2) Det är det

질문에 대한 대답에서 첫 번째 지시대명사 det는 앞에 나온 문장 전체를 가리키고 두 번째 det는 주어로 쓰인 것이다. Är det bättre nu? Ja, **det** är det!

3) om en vecka '일주일 후에'

전치사 om 이 때나 기간 표시 명사 앞에 오면 '지나서, 후에'와 같은 뜻을 가진다.
  Om jag inte är bättre om en vecka, '만일 일주일 후에도 내가 더 좋아지지 않으면,'
  Jag ringer om en stund. '잠시 후에 내가 전화하겠다.'
  Arbetet blir färdigt om ett år. '그 작업은 일 년 후에 끝난다.'

16-3 번역

나는 치과의원에 다녀왔다. 왜 그랬는데? 이가 두어 개 아파서. 곧 바로 의사의 치료를 받았어. 이제 좀 나은 거야? 응, 그래. 그런데 너는 어떤데? 난 감기가 들었었지. 그런데 기침은 안하잖아. 지금은 기침이 안 나와. 의사선생한테 다녀왔지. 그가 약품 처방전을 써주었지. 일주일 지나서도 몸이 더 좋아지지 않는다면 의사한테 다시 찾아 가야해. 스웨덴에서는 병원에 가기 전에 미리 시간예약을 꼭 해야 한다.

16-4. 연습문제

1. 아래 문장을 현재완료형으로 고치세요.

   Jag talar svenska.
   Du köper en lampa.
   Han läser en bok.
   Vädret är fint.
   De springer till järnvägsstationen.

2. 다음 물음에 대명사 det를 사용하여 대답하시오.

   Är hon svenska?   - Ja, (   )
   Är du korean?   - Nej, (   )
   Är ni skandinaver?   - Nej, (   )
   Har du varit i London?   - Ja, (   )

오늘 하루도 수고 하셨습니다.

Lektion 17
sjuton

Lindberg köper medicin på ett apotek.
린드베리 씨가 약국에서 약을 산다.

Lindberg har förskräckligt ont i huvudet och går in på ett apotek.
L (Lundberg):   Jag skulle vilja ha något slags huvudvärkstabletter.
A (Apotekaren):   Vi har aspirin och magnecyl.
L: Kan jag få en ask magnelcyl.
A: Det finns tre olika förpackningar: en liten ask med 25 tabletter, en större ask med 50 och en med 100.
L: Det är nog bäst, att jag tar den största asken.
A: Det blir 45 kronor.
L: Varsågod, Han ger en femtiolapp.
A: Här är 5 kronor tillbaka. Tack, adjö.

노벨문학상의 산실, 스웨덴 한림원

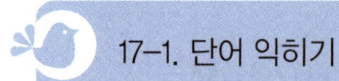

17-1. 단어 익히기

går in på   …로 들어가다(부사 in 과 전치사 på 가 함께 어울려 쓰인다)

förskräckligt   지독하게, 몹시

apot´ek ~et ~   약국

apotekare ~n ~   약사

skulle vilja + 원형동사   …하고 싶다

huvudvärkstablett ~en ~er   두통약

aspir´in ~et 0   (약) 아스피린

magnecyl [maŋnəs´y:l] ~et 0   해열진통제

nog   아마도, 어쩌면

ask ~en ~ar   갑, 상자

förpackning ~en ~ar   포장, 꾸러미

tabl´ett ~en ~er   알약

större stor   '큰'의 비교급

bäst bra(god)   '좋은'의 최상급

störst stor   '큰'의 최상급

lapp ~en ~ar   쪽지, 지폐

adjö [ajö:]   안녕히(good-by)

femtiolapp ~en ~ar   50 크로나 지폐

tillbaka   뒤로

 17-2. 문법공부

1) 서법조동사(ska, vill, kan)

본동사와 함께 쓰여 가능, 소원, 추측, 허용, 의무 등 여러 가지 뉘앙스를 더해주는 한 무리의 동사들을 가리킨다. 주요 서법(화법)조동사는 아래와 같다.

서법조동사

	부정법	현재	과거	완료분사
허용	få	får	fick	fått
가능	kunna	kan	kunde	kunnat
의무		måste	måste	måst
당연/미래	skola	ska	skulle	skolat
의지	vilja	vill	ville	velat

skulle - 서법조동사 과거형

겸손한 부탁, 요구, 소망을 나타낼 때는 서법조동사의 과거형을 쓴다. skulle 는 과거형이지만 내용은 현재의 심적 상태를 드러낸다.

Jag skulle vilja ha något slags huvudvärkstabletter. '두통약을 좀 원하는데요.'

Han skulle behöva köpa ett nytt program. '그는 새 프로그램을 사고 싶어 한다.'

또한 과거형은 om 으로 시작하는 조건절에서도 쓰이며 내용은 현재 사실을 다룬다.

Om jag skulle ändra datum, hur ska jag göra då?

'만일에 날짜를 변경하려면 어떻게 해야 하나요?'

2) 형용사의 비교급, 최상급

형용사의 비교급은 원급에 **-are**, 최상급은 **-ast** 를 각각 붙여 만든다. 그 밖에 단음절어로 된 형용사에는 **-re, -st**를 붙이는데 이때는 **어간모음**이 바뀐다. 더러는 이들 규칙에서 벗어나 예외적으로 변화하는 형용사도 있다.

	원급	비교급	최상급
(1)	fin 멋진	finn**are** 더 멋진	fin**ast** 가장 멋진
	duktig 영리한	duktig**are** 더 영리한	duktig**ast** 가장 영리한

(2) hög 높은　　　　högre 더 높은　　　högst 가장 높은
　　 stor 큰　　　　 större 더 큰　　　　 störst 가장 큰
(3) god(bra) 좋은　　bättre 더 좋은　　　bäst 가장 좋은
　　 mycket 많은　　 mer 더 많은　　　　mest 가장 많은
　　 liten 작은　　　 mindre 더 작은　　 minst 가장 작은
　　 gammal 오래된　 äldre 더 오래된　　 äldst 가장 오래된
　　 dålig 나쁜　　　 sämre 더 나쁜　　　sämst 가장 나쁜

그 외로도 형용사 자체는 변화하지 않고 그 앞에 **mer, mest** 를 붙여 비교형으로 사용하는경우도 있다. **-isk, -ad**로 끝나는 형용사와 현재분사, 과거분사가 형용사로 쓰일 때가 이에 해당한다.

　　 typisk 전형적인　　　　**mer** typisk　　　　　**mest** typisk
　　 intresserad 흥미가 있는　**mer** intresserad　　**mest** intresserad

그런데 **최상급형**은 위치에 따라 두 가지 유형으로 구분된다. 동사 뒤에서 서술형용사로 쓰일 때의 **-ast** 형과 명사 앞에서 쓰이는 **-aste** 형이 있다. 비교급, 최상급이 명사 앞에 오면 그 앞에 다시 독립정관사 den, det, de 중에 하나를 붙여야 하고 명사 끝에는 어말관사가 붙는다.

　　 Den här asken är billig**ast**. '이 곽이 제일 쌉니다.'
　　 Den billig**aste** asken är 10 kronor. '제일 싼 곽은 10 크로나입니다.'

● **차등비교**

차등을 나타내는 비교구문에는 '**비교급+än**'을 쓴다.
　　 Den här boken är **billigare än** den där. 이 책은 저것보다 더 싸다.
　　 Kalle är **längre än** Lasse. 칼레는 라쎄 보다 키가 더 크다.

17-3 번역

린드베리씨는 두통이 아주 심해서 약국으로 들어간다.

린드베리: 두통약을 좀 사려고 하는데요.
약사: 아스피린과 망네쉴이 있습니다.
린드베리: 망네쉴 한갑 주세요.
약사: 세 종류 갑이 있습니다. 25알의 작은 갑이 있고 좀 더 큰 50알 갑, 100알 갑이 있습니다.
린드베리: 제일 큰 갑을 사는 게 아마 좋겠군요.
약사: 45 크로나 되겠습니다.
린드베리: 자 여기 있습니다. 그는 50크로나 지폐를 내 준다.
약사: 여기 5크로나 잔돈 드립니다. 감사합니다. 안녕히 가세요.

17-4. 연습문제

1. 왼편에 주어진 형용사의 비교급을 (   ) 속에 넣으시오.

[보기] kort   Det är kortare väg till apoteket än till fruktaffären.
1) billig   Den här asken är (   ) än den där.
2) dyr   Den här bilen är (   ) än den där.
3) ung   Nordkvist är tre år (   ) än Lindberg.
4) gammal   Karin är två år (   ) än Anna.
5) bra   Han kände sig (   ) före festen än efter.
6) dålig   Jag kände mig (   ) efter festen än före.
7) stor   Vår våning är (   ) än deras.
8) liten   Deras våning är (   ) än vår.
9) hög   Uppsala domkyrka är (   ) än Storkyrkan.
10) låg   Storkyrkan är (   ) än Uppsala domkyrka.

2. 왼편 형용사의 최상급을 (   ) 속에 넣으시오.

dyr   Den här asken är (   ).
         Den (   ) asken kostar 50 kronor.
stor   Asken med 100 tabletter är (   ).
         Den (   ) asken innehåller 100 tabletter.
djup   Vilken sjö är (   ) i Sverige?
         Den (   ) sjö i Sverige heter Hornavan.
gammal   Vilket universitet är (   ) i Sverige?
         Sveriges (   ) universitet ligger i Uppsala.
bra   Vilket TV-program var (   )?
         Det (   ) TV-programmet igår var en pjäs av Pär Lagerkvist.

오늘 하루도 수고 하셨습니다.

Familjen Söderlunds sommarstuga
쇠데르룬드씨 가족의 여름 집

Familjen Söderlund bor i Uppsala. De har en stuga på en tomt vid Mälaren. På sommaren brukar Söderlunds bo där under semestern. På våren och hösten åker de ofta till sin stuga och övernattar, om det är vackert väder.

Tomten ligger vid sjön, så familjen har köpt en båt. Bo Söderlund tycker om att syssla med sin båt, men det är svårt för honom att sjösätta den på våren och dra upp den på hösten. Då brukar han ringa till sin syster och hennes man för att be om hjälp.

300년간 바다 속에 잠겨있던 17세기의 바사전함

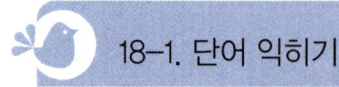

18-1. 단어 익히기

ring/a -er -de -t 전화하다	höst ~en ~ar 가을
bo ~r ~dde ~tt 살다, 거주하다	sin sitt sina 자기의(재귀소유대명사)
stug/a -an -or 오두막집, 시골의 작은 집 (여름집)	övernatta ~r ~de ~t 밤을 지내다(유숙)
tomt ~en ~ 대지, 터, 땅	så (접속사) 그래서
Mälaren 스톡홀름 주변 호수	sjö ~n ~ar 바다, 호수
bruka ~r ~de ~t …하곤 하다	syssla ~r ~de ~t 일하다, 종사하다
Söderlunds 쇠데르룬드 씨 가족 (* 성씨에 –s를 붙이면 가족을 뜻함)	båt ~en ~ar 보트
semester ~n semestrar 휴가	tycker om att …을 좋아하다
om 만일 …이라면	sjö/sätta -sätter -satte -satt 배를 바다에 띄우다, 진수하다
vid … 주위에	dra upp 끌어 올리다
vår ~en ~ar 봄	be om …을 요청하다

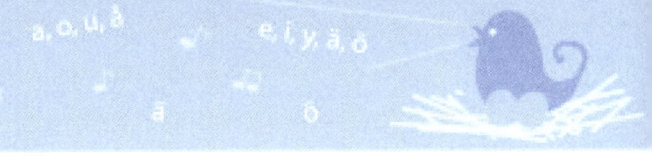

18-2. 문법공부

1) 재귀소유대명사(sin, sitt, sina)

한 문장 안에서 3인칭의 주어와 목적어 사이의 소유관계를 표시할 때 목적어의 소유주가 주어와 일치하면 목적어 앞에 **sin**(통성), **sitt**(중성), **sina**(복수) 중 하나를 붙여 '**자신의**'(영어 own) 라는 뜻을 나타낸다. 즉 소유되는 명사가 통성이면 sin, 중성이면 sitt, 복수이면 sina를 붙인다. 반면에 양자의 관계가 일치하지 않을 때는 **인칭대명사의 소유격** hans(그의), hennes(그녀의), dess(그것의), deras(그들의) 중에서 하나를 사용한다. 단 재귀소유대명사는 주어 앞에 올 수 없다.

 Han ringer till *sin* syster. '그는 자기 여동생에게 전화를 건다.' (han = sin)
 Han ringer till *hans* syster. '그는 그의 여동생에게 전화를 건다.' (han ≠ hans)
 Han sitter i *sitt* rum. '그는 자기 방에 앉아 있다.' (han = sitt)
 Han sitter i *hans* rum. '그는 그의 방에 앉아 있다.' (han ≠ hans)
 Han gav mig *sina* böcker. '그는 자기 책들을 내게 주었다.' (han = sina)
 Han gav mig *hans* böcker. '그는 그의 책들을 내게 주었다' (han ≠ hans)

2) Så 의 기능

Så 는 **부사**와 **접속사**의 두 가지 기능이 있는데 용법이 비슷하여 혼동하기 쉽다. 먼저 **부사**로서 '이렇게, 저렇게'의 방법을 나타내기도 하고, '그러면, 그래서'와 같은 결과를 나타내기도 한다.

 Gör det, **så** får du ett äpple. '그것을 해라, 그러면 사과를 한 개를 받을 테니.' (방법)
 Om alla har kommit, **så** kan vi börja. '모두 다 왔으면 시작하자.' (결과)

그러나 본문 중 Tomten ligger vid sjön, **så** familjen har köpt en båt. '집터가 호숫가에 있어서 가족은 보트를 하나 샀다.'

이 문장에서는 '따라서, 그래서'와 같은 의미를 가진 **접속사**로 쓰였다. 그 차이는 어순으로 구별된다. **부사 så** 다음에는 동사가 앞서는 뒤바뀐 어순이 오고, **접속사** 다음에는 주어+동사의 바른 어순이 온다(25.2 참조).

3) 준조동사 bruka

앞에서 설명한 서법조동사(17.2)에 속하지 않지만 그들에 버금가는 기능을 가진 동사가 있는데 이들을 **준조동사**라고 한다. 따라서 그 동사들 다음에는 본동사가 온다.

bruka: Han **brukar** ringa till sin syster. '그는 종종 여동생에게 전화를 한다.' (습관)

låta: Föräldrarna **låter** flickan gå ut på kvällen. '부모는 딸에게 저녁 외출을 허락한다.' (허락, 사역)

behöva: I Sverige **behöver** man ringa innan man hälsa på. '스웨덴에서는 방문하기 전에 미리 전화를 걸어야 한다.' (필요)

18-3 번역

쇠데르룬드씨 가족은 웁살라에 산다. 그들은 맬라렌 호숫가 집터에 작은 여름집이 하나 있다. 쇠데르룬드씨 가족은 여름철에 휴가를 거기서 종종 보낸다. 봄과 가을에 날씨가 좋으면 그들은 여름 집에 자주 가서 자고 오기도 한다. 집터가 호숫가에 있어서 가족은 보트를 하나 샀다. 부 쇠데르룬드씨는 보트를 돌보는 일을 좋아한다. 그러나 봄철에 보트를 물에 띄우고 가을에 끌어 올리는 일이 그에게는 힘들다. 그래서 그는 자기 여동생과 그의 남편에게 전화를 걸어서 도움을 요청하기도 한다.

18-4. 연습문제

다음 ( ) 속에 sin, sitt, sina, hans, hennes, deras 중에서 알맞은 것을 골라 넣으시오.

1) Tomas Nilsson bor med (   ) fru och (   ) två flickor i en modern trerumsvåning i Göteborg.
2) För några år sedan köpte han och (   ) fru en liten stuga på landet.
   Varje vårsöndag brukar han åka dit med (   ) familj.
3) När skolan slutar i juni, reser (   ) fru ut med barnen.
   Det finns varken vatten, elektriskt ljus eller telefon i (   ) lilla stuga, men fru Nilsson får hjälp av (   ) man och barnen.
4) (   ) man bär vatten, och flickorna bäddar (   ) sängar.

아바(ABBA)의 전성시대 (1970년대)

오늘 하루도 수고 하셨습니다.

En onsdags morgon   어느 수요일 아침에

Kerstin: Vakna nu! Klockan är mycket.
Sven: Usch jag är så trött! Väck mig om en kvart!
Kerstin: Nej, du måste skynda dig!
Sven: Är maten färdig?
Kerstin: Ja, det är den.
Sven: Bra. Då äter jag innan jag tvättar mig.
(Sven tar på sig sin morgonrock och går ut i köket.)
Sven: Behöver jag raka mig idag?
Kerstin: Ja, det tycker jag.
(Sven går ut i badrummet. Han tvättar sig och rakar sig.)
Sven: Hur mycket är klockan?
Kerstin: Halv sju.
Sven: Oj! Då måste jag skynda mig! Bussen går om tio minuter.
Kerstin: Hejdå. När kommer du hem?
Sven: Vid sextiden. Hej, hej!

19-1. 단어 익히기

Kerstin [çæṣtí:n] 〈셰르스틴〉 여성이름

vakna ~r ~de ~t 잠이 깨다, 일어나다

usch (감탄사) 에이 참

om (시간, 기간) 지나서

en kvart 15분

synda sig 서두르다

färdig 준비가 다 된, 끝난

tvätta sig 세수하다

väck/a -er -te -t 깨우다(명령형: väck)

morgonrock ~en ~ar 아침가운, 실내복

behöv/a -er -de -t 필요하다

går ut i …로 나가다

raka sig 면도하다

tyck/a -er -te -t …라고 생각하다, 여기다

vid sextiden 6시쯤

tar på sig 옷을 입다

핵무기 없는 세계를 추구하며 약자의 편에 섰던
울로프 팔메(Olof Palme) 전 수상

 19-2. 문법공부

1) 명령법

동사의 용법 중에서 명령, 요구, 금지 등을 나타내는 형식을 **명령형**이라고 하며 모양은 동사의 **부정법** 또는 **어간**과 같다. 제1변화동사의 명령형은 **부정법**과 같고 제2, 제4변화동사와 불규변화동사의 명령형은 부정법에서 **어미 -a**를 떼어낸 **어간**과 같다. 다만 제3변화동사는 부정법과 어간이 동일하다.

명령형

	부정법	명령형
제1변화동사	att tal/a	tala
제2변화동사	(a) att ring/a	ring
	(b) att köp/a	köp
제3변화동사	att tro	tro
제4변화동사	att skriv/a	skriv
불규칙동사	att gör/a	gör

(제1변화) *Vakna* nu! 이제 일어나요.

(제2변화) *Väck* mig om en kvart! 15분 후에 깨워줘요.

(제3변화) *Tro* på mig, är du snäll! 날 믿어다오, 제발.

(제4변화) *Skriv* lite fortare! 좀 더 빨리 써라.

(불규칙) *Gör* det genast! 즉시 그것을 해라.

* gör처럼 **현재형**이 명령형으로 쓰이는 동사는 hör '듣다', kör '운전하다', lär '가르치다' 따위가 있는데 특징은 다른 2변화동사와는 달리 현재형에 어미 -er가 붙지 않는 점이다.

2) 재귀동사와 재귀대명사 (sig)

주어가 일으킨 동작이 주어 자신에게 미칠 때 이를 **재귀동사**라고 부르며 이들은 반드시 재귀대명사를 동반한다. **재귀대명사**는 1, 2인칭에는 **인칭대명사 목적격 mig, dig, oss, er**를 각각 사용하고 3인칭에는 단수, 복수 모두에 **sig**를 쓴다.

Jag ska *lära mig* svenska. '나는 스웨덴어를 배우려고 한다.'

Du måste *försvara dig*. '너는 스스로를 방어해야 한다.'

Han *rakar sig* varje morgon. '그는 매일 아침 면도를 한다.'

Vi ska *gifta oss* om en vecka. '우리는 일주일 있으면 결혼한다.'

Nu måste ni *skynda er* till jobbet. '이제 너희들은 직장에 서둘러 가야 한다.'

De *sätter sig* vid bordet. '그들은 식탁에 앉는다.'

3) 전치사 vid

vid는 일정한 장소나 시간에 근접해 있는 것을 가리키는 전치사로 영어의 by(장소), at(시간), around(장소)에 해당한다.

Gästerna ska komma hit *vid* sjutiden. '손님들은 7시경에 여기에 올 것이다.'

(정확한 시점을 가리킬 때는 klockan을 시수 앞에 내세운다; De kom hit klockan 6.'그들은 6시에 이곳에 왔다.')

Karin läser *vid* universitetet. '카린은 대학에서 공부한다.'

전설적 골프 여제 아니카 쇠렌스탐
(Annika Sörenstam)

19-3 번역

셰르스틴: 자 일어나요. 시간이 다 됐어요.

스벤: 어이구, 피곤해죽겠는데. 15분만 있다가 깨워줘요.

셰르스틴: 안돼요, 서둘러야한다니까.

스벤: 식사는 다 준비됐어요?

셰르스틴: 그럼요, 다 됐지요.

스벤: 좋아요. 그럼 세수하기 전에 먹겠소.

(스벤은 아침 가운을 걸치고 부엌으로 들어선다.)

스벤: 나 오늘 면도해야 되겠지요?

셰르스틴: 그래야 할 것 같은데요.

(스벤은 욕실로 들어선다. 그는 세수를 하고 면도한다.)

스벤: 몇시나 됐어요?

셰르스틴: 6시 30분이에요.

스벤: 어이구, 그럼 서둘러야겠네. 버스가 10분 후면 떠나니까.

셰르스틴: 잘 다녀와요. 집에 몇 시에 돌아와요?

스벤: 6시경에. 다녀오리다.

19-4. 연습문제

1. 다음 ( ) 속에 재귀대명사 **mig, dig, sig, oss, er** 중에서 알맞은 것을 넣으시오.

   1) Du tar på (   ) dina tofflor.
   2) Han bugar (   ) artigt.
   3) De lär (   ) koreanska.
   4) Ni lär (   ) svenska.
   5) Jag skyndar (   ) till skolan.

2. 아래 문장의 주어를 '당신(du)'으로 바꾸어 다시 쓰시오.

   Klockan är sex på morgonen.
   1) (   ) stiger upp och sätter på radion.
   2) (   ) går in i badrummet för att tvätta (   ).
   3) Först klär (   ) av (   ) och duschar.
   4) (   ) torkar dig med handduken, kammar (   ) med kammar och så klär (   ) på (   ).

3. 다음 보기와 같이 명령문을 만드시오. (   ) 속의 번호는 동사변화의 종류를 가리킨다.

   [보기] Persson öppnar (1) dörren. (Öppna dörren!)
   1) Jag talar (1) med läraren.
   2) Andersson lyfter (2) luren.
   3) Han springer (4) och svarar (1).
   4) Hon ber (3) att få ringa klockan 6.
   5) Han förlåter (4) mig.
   6) Du ska vara (4) tyst idag.

오늘 하루도 수고 하셨습니다.

En hemmaman 가사 전업 남편

Tore: Hej, Jörgen! Det var längesen vi träffades. Hur har du det? Jobbar du fortfarande på Aftonbladet?

Jörgen: Nej, jag har bytt arbete. - Och du då? Hur har du det?

Tore: Bara fint, tack. Jag kör taxi på dagarna. Jag har just slutat ett pass. - Men varför är du ute och går? Är du ledig från jobbet? Och du har varit och handlat ser jag. Och ungen har du med dig. Din fru är väl inte sjuk?

Jörgen: Nej, det är hon inte. Hon mådde utmärkt i morse, när hon gick till skolan. Och jag är inte ledig från jobbet - det här är mitt jobb. Jag är hemmaman nu för tiden.

Tore: Men det är väl inget jobb för en karl?

Jörgen: Jo, det tycker jag nog. Idag har jag tvättat fönstren och städat hela lägenheten och promenerat med lillan. För mig passar det alldeles utmärkt.

20-1. 단어 익히기

Tore	남자 이름	längesen (länge sedan의 준말)	오래전
Jörgen	남자 이름	träffa/s -s -des -ts	만나다(상호동사)
hemma/man ~nen -män	가사남편, 전업남편	Aftonbladet	아프톤블라뎃 (스톡홀름의 석간신문)
fortfarande	아직도, 여전히	kör/a kör -de -t	운전하다
jobba ~r ~de ~t	일하다	utmärkt	썩 좋은, 우수한
byt/a -er -te -t	바꾸다	taxi ~n 0	택시
då	그러면	hela	전체의, 모든
pass ~et 0	교대근무	nu för tiden	요즘에는, 현재는
ledig	쉬는, 비번의	karl [kɑ:r]	남자, 사내 ([l] 발음나지 않음)
jobb ~et ~	일, 직장	tvätta ~r ~de ~t	씻다, 빨래하다
ute	밖에 (⇨ 문법설명)	fönst/er -ret ~	창문
har varit	…에 있었다	städa ~r ~de ~t	청소하다
handla ~r ~de ~t	사다, 장보다	i morse	오늘 아침에
ung/e ~n -ar	어린것, 새끼	promenera ~r ~de ~t	산책하다
fru ~n ~ar	부인, 아내	lillan	꼬마(아이) (애칭)
väl	어쩌면 (⇨ 문법설명)	passa ~r ~de ~t	알맞다, 적당하다
sjuk	아픈	alldeles	아주, 대단히
det	본문 중 Nej, det är hon inte에서 det는 앞 문장 전체를 받는다 (⇨ 63쪽 (4))		
må ~r ~dde ~ tt	느끼다, (건강상태가) …하다	jo	아니요(부정의문문에 긍정 대답)

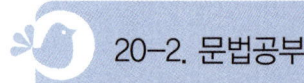 20-2. 문법공부

1) 장소부사 ute/ut, inne/in, var/vart, där/dit, här/hit

장소부사 ute/ut (밖에/밖으로), inne/in (안에/안으로), var/vart (어디에/어디로), där/dit (거기에/거기로), här/hit (여기에/여기로), hemma/hem (집에/집으로), framme/fram (앞에/앞으로), borta/bort (저편에/저리로) 등은 **정지동사**와 함께 쓰이는 것과 **동작동사**와 함께 쓰이는 것으로 짝을 이루고 있다. 우리말에 <…에 >와 <…(으)로>가 붙는 장소부사 에 해당한다.

<정지부사>
Varför är du *ute*?
(너는 왜 밖에 있느냐?)
Han sitter *inne* i rummet.
(그는 방에 앉아 있다.)
Han sitter *där*.
 (그는 저기에 앉아있다.)
Bussen står där *borta*.
(버스는 저쪽에 서 있다.)

<동작부사>
Han går *ut* tidigt på morgonen.
(그는 아침에 일찍 나간다.)
Han går *in* på ett apotek.
(그는 약국으로 들어간다.)
Han springer *dit*.
(그는 저쪽으로 달려간다.)
De åker *bort* i morgon
(그들은 내일 떠나간다.)

2) nog, väl, ju

이들 부사는 그 자체로 뚜렷한 의미는 없지만 진술내용에 대해서 화자의 관심, 유보, 확신 정도 따위의 심적 자세를 나타낸다.

nog: 어떤 일에 대한 생각이나 판단에 자신감이 없을 때.
Det blir nog regn i morgon. '내일 어쩌면 비가 올지 몰라.'
väl: 추측을 표시하나 약간 주저할 때(상대방의 의중을 떠보는 뉘앙스를 가진다.)
Din fru är väl inte sjuk. '자네 부인이 아픈 건 아니겠지.'
ju: 상대방이 자기의 말에 동의해 줄 것을 기대하며 말할 때.
Jag har ju aldrig sett honom förr. '나는 그를 전에 본 적이 전혀 없거든.'

이들 부사에는 정상적으로 강세가 없지만, 강세를 받으면 의미가 nog '충분히', väl '잘, 좋게'로 달라진다.

3) 전치사구 (1) i morse

(1) idag / i morse

때나 시기를 표시하는데 지시대명사 대신에 **전치사**에 **명사**를 결합해서 관용적으로 쓰기도 한다. 이들을 **전치사구**라고 부르며 다음과 같은 여러 가지 사례들이 있다.

idag '오늘' igår '어제' i morgon '내일' i övermorgon '모레' i morse '오늘 아침에' i kväll '오늘 저녁에' i morgonbitti '내일 아침 일찍'

　　Hon mådde utmärkt i morse. '그녀는 오늘 아침에 상태가 아주 좋았다.'
　　Är det inte härligt väder idag? '오늘은 날씨가 화창하지 않느냐?'
　　De sa igår att det ska bli regn. '그들은 비가 오리라고 어제 말했다.'

(2) 계절명칭 i höst / i höstas

전치사구 중에서 i höst '가을에' i vinter '겨울에' i vår '봄에' i sommar '여름에' i jul '성탄에' i påsk '부활절에' 따위는 현재 또는 미래를 표시한다. 그러나 i höstas '지난 가을에' i vintras '지난 겨울에' i våras '지난 봄에' i somras '지난 여름에' i julas '지난 성탄에' i påkas '지난 부활절에' 따위는 과거를 표시한다.

　　Jag ska fara till Paris i höst. '나는 가을에 파리에 간다.'
　　Jag var i Paris i höstas. '나는 지난 가을에 파리에 있었다.'
　　Det regnade mycket i våras. '지난봄에는 비가 많이 왔다.'

(3) På dagarna '낮에는'

일상적으로 반복되는 하루의 어느 때나 요일, 계절, 명절을 표시할 때는 'på + 명사의 정형복수'를 쓴다.

på eftermiddagarna '오후에는' på kvällarna '저녁에는'
på söndagarna '일요일에는' på vårarna '봄에는' på jularna '성탄절에는'

4) Ja 와 Jo

부정으로 묻는 말에 긍정으로 대답할 때는 ja '예' 대신에 jo '아니오'를 쓴다.
본문의 Men det är väl inget jobb för en karl? '하지만 그건 남자 일이 아니잖아?' 에 대한 대답으로 Jo, det tycker jag nog. '아냐, 난 충분히 그럴만하다고 생각해.' 여기서 쓰인 nog 에는 강세가 온다.

5) 목적어(절) +주절

스웨덴어 문장에는 목적어(목적절)가 주어(주절) 앞에 오는 구문이 아주 흔하게 쓰인다. 따라서 어순이 도치이니까 동사가 주어 앞에 나온다. 문장의 한 요소를 **강조**할 때 문두에 내세우는 이런 구문 형식을 자주 쓴다. 본문의 아래 문장은 다음과 같이 바꿔 쓸 수 있다.

Och du har varit och handlat ser jag. Och ungen har du med dig.
　　목적어절　　　　동사 주어　　목적어 동사 주어

→ Jag ser att du har varit och handlat. Och du har ungen med dig.
'내가 보기에는 자네가 밖에 나와서 장을 보았고 어린 것도 데리고 있잖아.'

Bananen åt jag igår. '그 바나나는 어제 내가 먹었다.
목적어 동사 주어

20-3 번역

투레 : 이보게 예르겐, 오랜만이야. 어떻게 지내는가? 아직도 아프톤블라뎃(신문사)에서 일하는가?

예르겐 : 아니야. 일자리를 바꿨지. – 그런데 자네는 어떤가?

투레 : 잘 지내고 있지. 낮에는 택시 운전을 해. 지금 막 교대근무를 마쳤어. 그런데 자네는 왜 밖에 나돌아 다니지? 오늘 직장 쉬는 날이야? 내가 보기에는 시내 나와서 장도 본 것 같은데. 어린것도 데리고 말이야. 혹시 아내가 아픈 건 아니겠지?

예르겐 : 아냐. 아프지 않아. 오늘 아침에 학교에 가는데도 아주 좋았어. 나도 직장 쉬는 날은 아니고. 이게 내 일이거든. 요즘 가사남편 하고 있어.

투레 : 그렇지만 그건 남자 일이 아니잖아?

예르겐 : 아니야, 내 생각엔 괜찮은데, 오늘 창문을 닦고 아파트 안을 모두 청소한 다음 꼬마 데리고 산책도 했거든. 내게는 딱 좋은 일이야.

20-4. 연습문제

1. 다음 문장을 스웨덴어로 바꾸시오.

   1) 그들은 지난 봄에 서울에 왔습니다.
   2) 댁의 아이는 가을에 입학하나요?
   3) 우리는 내일 아침 일찍이 떠나야합니다.
   4) 그들은 하루 종일 어디로 가고 있습니까?
   5) 그는 내 앞으로 와서 옆에 앉는다.

2. 왼편 부사 중에서 하나를 골라 넣으시오.

   1) hem/hemma   Igår kom han (   ) från skolan och hade ont i magen.
   2) var/vart   (   ) är du på väg med alla väskorna?
   3) där/dit   Kan man komma (   ) med buss?
   4) här/hit   Nu står vi (   ) på torget.
   5) ute/ut   Det regnar mycket idag. Du ska inte gå (   )

오늘 하루도 수고 하셨습니다.

**Lektion 21
tjugoett**

Andersson blev kär i henne
안데르손이 그녀와 사랑에 빠졌다.

En dag när vår vän Andersson ännu var mycket ung, blev han presenterad för en ung dam, som hette fröken Berg. Han blev kär i henne vid första ögonkastet, men han vågade inte berätta det för någon, allra minst för fröken Berg själv. I ställlet gick han hem och skrev en dikt, som hette "Den vackraste kvinnan i världen" och som handlade om fröken Bergs blonda hår, blå ögon, vita tänder och röda mun. Hon hade ovanligt snygga ben också, men det nämnde Anderssson ingenting om i dikten.

 Emellertid träffades de igen några dagar senare. Då tog han mod till sig och bad att få hennes telefonnummer. Till sin obeskriva lycka fick han det genast. De bestämde sig snart för att lägga bort titlarna och säga Bertil och Eva till varandra i stället för herr Andersson och fröken Berg. De tog promenader tillsammans, gick på bio i sällskap och vandrade ibland sakta sida vid sida genom stadens park. Andersson var mycket lycklig.

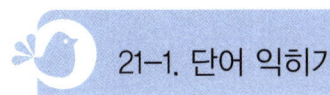

21-1. 단어 익히기

vän ~nen ~ner   친구, 벗

heta heter hette hetat
　　　…라고 불리다.

ung   어린, 젊은

presentera ~r ~de ~t
　　　소개하다

presenterad för
　　　(과거분사) …에게 소개된

dam ~en ~er   부인, 여성

allra   (강조부사) 아주, 가장

allra minst   적어도, 최소한

minst liten   '작은'의 최상급

själv   자기 자신

i stället   대신에

gick gå   '가다'의 과거

dikt ~en ~er   시, 시작품

vackrast vacker
　　　'아름다운'의 최상급

kvinn/a -an -or   부인, 여자

senare   뒤에, 후에

handla ~r ~de ~t
　　　다루다, 취급하다(om)

fröken fröknar
　　　양, 아가씨(점원); 여선생(호칭)

bli kär i   …와 사랑에 빠지다

ögonkast ~et ~   일견, 얼핏 봄, 시선

våga ~r ~de ~t   감히 …하다

berätta ~r ~de ~t   …에 대해 말하다

mun ~nen ~nar   입

ovanlig   예사롭지 않은, 흔치 않은

snygg   멋진, 예쁜

ben ~et ~   다리(사람, 동물)

nämn/a ~r -de -t   말하다, 언급하다

ingenting   아무것도 … 아니다

igen   다시

värld [væ:d] ~en ~ar
　　　세계, 세상(l 은 발음하지 않음)

då   그때; …할 때에

mod ~et 0   용기

ta mod till sig   용기를 내다

blond 금발의	**be** ~r bad bett 요청하다
hår ~et ~ 머리카락	**telefon/nummer** -numret-nummer 전화번호
öga ~t ögon 눈(얼굴의)	**tand** ~en tänder 이, 이빨
obeskrivlig 형언할 수 없는, 표현할 수 없는	**till sin obeskrivlig lycka** 형언할 수 없이 다행히도
röd 붉은	**vit** 하얀
genast 즉시, 곧 바로	**snart** 곧
bestäm/ma -mer -de -t 결정하다; 결심하다	**träffades** träffas 만나다(상호동사)의 과거
blå 푸른	**ibland** 때때로
lägga bort 떼어버리다	**vandra** ~r ~de ~t 거닐다
titel ~n titlar 직함, 칭호	**sida vid sida** 나란히
lycklig ~t ~a 행복한	

 21-2. 문법공부

1) **완료분사와 과거분사의 용법** (11.2 동사변화표 참조)
   [주의] 영어의 과거분사는 수동형과 완료형에 두루 쓰이지만 스웨덴어의 과거분사와 완료분사는 어형과 용법이 서로 다르다.

   (1) **완료분사**는 조동사 **ha** 와 함께 **완료형**을 만들며 어형이 변하지 않는다.
   Jag har lånat en bil. '나는 차를 한 대 빌렸다.'
   Han har redan köpt biljetten. '그는 이미 차표를 샀다.'

   (2) **과거분사**는 조동사 **bli, vara** 와 함께 **복합수동형**을 만들며 명사 앞에서 **형용사**로도 쓰인다. 과거분사는 수식하는 명사 또는 주어의 성과 수에 따라서 **어미변화**를 하는데 동사의 종류에 따라 조금씩 다르다. 아래 예문에서는 **과거분사**가 동사 다음에 **서술어**로 쓰일 경우와 명사 앞에서 형용사처럼 **수식어**로 쓰이는 경우를 제시한다.
   수동형의 시제는 조동사의 시제에 따라 정해진다.

   - **1변화동사 어미: -ad** (통성), **-at** (중성), **-ade** (복수/정형)

     Han *blev presenterad* för en ung dam. (과거수동) '그는 젊은 여성을 소개받았다.'
     Sverige *är* glest *befolkat*. (현재수동) '스웨덴은 인구 밀도가 희박하다.'
     Kakorna *är hembakade*. (현재수동) '과자는 집에서 구어 졌다.'
     en *hembakad* kaka (형용사) '집에서 구운 과자 한개'
     ett *hembakat* bröd (형용사) '집에서 구운 빵 한개'
     två *hembakade* kakor (형용사) '집에서 구운 과자 두개'
     den *hembakade* kakan (정형) '집에서 구운 그 과자'

   - **2변화동사 어미**

     2a: -d (통성), **-t** (중성), **-da** (복수/정형)

     Dörren *är stängd*. (통성) '문이 닫혀있다.'   en *stängd* dörr '닫혀진 문'
     Fönstret *är stängt*. (중성) '창문이 닫혀있다.'   ett *stängt* fönster '닫혀진 창문'
     Dörrarna *är stängda*. (복수) '문들이 닫혀있다.' den *stängda* dörren '닫혀진 그 문'

2b: -t (통성), **-t** (중성), **-ta** (복수/정형)

Boken *är köpt*. (통성) '책은 구입되었다'　　　　en *köpt* bok '구입된 책'
Bordet *är köpt*. (중성) '책상은 구입되었다'　　ett *köpt* bord '구입된 책상'
Böckerna *är köpta*. (복수/정형) '책들은 구입되었다'　det *köpta* bordet '구입된 그 책상'

- **3변화동사 어미: -dd** (통성), **-tt** (중성), **-dda** (복수/정형)

Kjolen *är sydd*. (통성) '치마는 재봉되었다'　　　en *sydd* kjol '재봉된 치마'
Skärpet *är sytt*. (중성) '혁대는 재봉되었다.'　　ett *sytt* skärp '재봉된 혁대'
Kjolarna *är sydda*. (복수/정형) '치마들은 재봉되었다.' den *sydda* kjolen '재봉된 그 치마'

- **4변화동사 어미: -en** (통성), **-et** (중성), **-na** (복수/정형)

Romanen *är skriven*. '소설은 쓰여졌다.'　　　　en *skriven* roman '쓰여진 소설'
Brevet *är skrivet* '편지는 쓰여졌다.'　　　　　ett *skrivet* brev '쓰여진 편지'
Romanerna *är skrivna*. '소설들은 쓰여졌다.'　　den *skrivna* romanen '쓰여진 그 소설'

이들을 도표 속에 다시 정리하면 아래와 같다.

과거분사의 유형과 완료분사

	통 성	중 성	복수 / 정형	완료분사
제1변화동사	bak**ad**	bak**at**	bak**ade**	bak**at**
제2변화동사	a. stäng**d** b. köp**t**	stäng**t** köp**t**	stäng**da** köp**ta**	stäng**t** köp**t**
제3변화동사	sy**dd**	sy**tt**	sy**dda**	sy**tt**
제4변화동사	skriv**en**	skriv**et**	skriv**na**	skriv**it**

2) 관계부사 där

huset där hon bor '그녀가 살고 있는 집'에서 **där**는 **관계부사**로 영어의 where 에 해당한다. 이 문장을 관계대명사 som과 vilken을 사용해서 바꿔 쓰면 아래와 같다.

huset **som** hon bor **i** = huset **i vilket** hon bor

여기서 som과 vilket 은 목적격인데 som이 전치사의 지배를 받지 않으므로 i 가 관계절의 맨 끝에 나온다. 그러나 **vilket**은 전치사의 지배를 받아 i를 앞세울 수 있다.

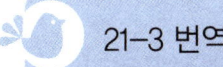

21-3 번역

우리 친구 안데르손이 아주 젊었을 때 어느 날 그는 베르이양이라는 젊은 여인을 소개받았다. 그는 첫눈에 그녀에게 반했다. 그러나 그는 베르이양 본인에게는 물론 어느 누구에게도 그것을 말할 용기가 없었다. 대신에 그는 집에 가서 "세상에서 가장 아름다운 여인"이란 제목의 시를 한편 썼다. 그 시는 베르이양의 금발과 파란 눈과 하얀 이, 그리고 붉은 입술에 대해 쓰고 있었다. 그녀의 다리 또한 보기 드물게 날씬했지만 그것에 대해서는 시에서 말하지 않았다.

그러다가 며칠 후에 그들은 다시 만났다. 그는 용기를 내어 그녀에게 전화번호를 달라고 요청했다. 그러자 말로는 형언하지 못할 만큼 다행히도 그는 곧장 전화번호를 얻게 되었다. 그 후 그들은 꽤 자주 만났다. 얼마 안 돼서 칭호를 떼어버리고 안데르손씨와 베르이양 대신에 서로 배르틸과 에바로 이름만 부르기로 작정했다. 그들은 함께 산책도 하고, 영화관에도 가고 때로는 시내 공원을 거쳐 나란히, 천천히 거닐었다. 안데르손은 매우 행복했다.

21-4. 연습문제

1. 주어진 동사의 알맞은 형을 (　　) 속에 넣으시오.

    1) baka   Tårtan är (　　　) hemma. 〈수동형〉
                 Hon har (　　　) tårtan idag. 〈완료형〉
    2) stänga Han står framför en (　　　) dörr. 〈형용사〉
                 Hade du (　　　) dörren innan du gick ut? 〈완료형〉
    3) köpa   Jag har (　　　) en roman. 〈완료형〉
                 Här finns två (　　　) böcker. 〈형용사〉
    4) klä   Har du (　　　) er julgran? 〈완료형〉
                 Ja, den är redan (　　　). 〈수동형〉
    5) ta   Polisen har (　　　) tjuven. 〈완료형〉
                 Han blev (　　　) när han försökte stjäla en bil. 〈수동형〉

오늘 하루도 수고 하셨습니다.

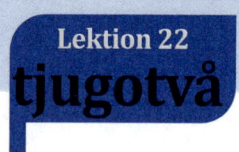

Lektion 22
tjugotvå

Allemansrätten i Sverige   스웨덴인의 자연접근권리

Allemansrätten är en gammal, svensk rättighet som säger att vi får promenera fritt ute i naturen, och att vi får bada i sjöar som andra äger. Men vi måste följa de här reglerna.
- Vi får bada vid alla stränder som inte är en del av en tomt.
- Vi får promenera och åka skidor var vi vill, men inte på en annan persons tomt eller odlingar.
- Vi får åka på alla vatten.
- Vi får plocka vilda bär, svampar och blommor som inte är frilysta, men vi får inte skada buskar och träd.
- Vi får inte kasta skräp i naturen.

På många platser i Sverige finns det naturreservat. Det är platser som är speciellt ovanliga eller vackra. Man brukar få promenera och bada där, men inte plocka blommor. Många som kommer dit, tycker om att fotografera. Ofta har de mat med sig och sitter ute i naturen och dricker kaffe och äter smörgåsar.

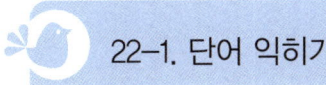
22-1. 단어 익히기

Allemansrätt ~en 0 자연접근권리	busk/e -en -ar 수풀, 덤불
svensk 스웨덴의; 스웨덴 남자	träd ~et ~ 나무
rättighet ~en ~ er 권리	kasta ~r ~de ~t 버리다, 던지다
nat´ur ~en 0 자연	skräp ~et ~ 쓰레기, 찌꺼기
bada ~r ~de ~t 수영하다, 목욕하다	många 많은(셀 수 있는 것)
äg/a -er -de -t 소유하다	följ/a -er -de -t 따르다, 준수하다
strand ~en stränder 해변가	mycket 많은 (셀 수 없는 것)
en del 일부	plats ~en ~er 장소, 곳
skid/a ~n -or 스키	finnas finns fanns funnits …가 있다
var 어디에; (vart 어디로)	naturreservat ~et ~ 자연보호구역
ordling ~en ~ar 경작, 재배	speciellt 특별히
plocka ~r ~de ~t 따다, 꺾다	ovanlig 보통이 아닌, 예외적인
vild 야생의, 거친	bruka ~r ~de ~t …하곤 한다
bär ~et ~ 딸기, 베리	promenera ~r ~de ~t 산책하다
svamp ~en ~ar 버섯	dit 거기로(där 거기에)
blomm/a -an -or 꽃	fotografera 사진 찍다
fridlyst 자연보호 구역의	äta äter åt ätit 먹다
skada ~r ~de ~t 상처 내다, 다치다	smörgås〈스머르고스〉 ~en ~ar 샌드위치(스웨덴 식)

 **22-2. 문법공부**

1) 의문부사 var '어디에', när '언제', hur '어떻게', varför '왜' 등은 **직접의문문**과 **간접의문문**에 두루 쓰인다. 간접의문문의 **어순**은 바른어순(정치)이다.

Var är min tavla? '내 그림은 어디에 있느냐?' (직접의문)

Vi får åka skidor **var** vi vill. '우리는 원하는 곳 어디서나 스키를 타도된다.' (간접의문)

När kommer han tillbaka? '그는 언제 돌아오니?' (직접의문)

Jag vet inte **när** han kommer tillbaka. '그가 언제 돌아올지 나는 몰라.' (간접의문)

2) 형용사의 부사화 (형용사 + t)

부사 중에는 고유부사도 있지만 **형용사** 끝에 어미 **-t,** 또는 **-en**을 붙여 **부사**로 쓰기도 한다. 어미 -t를 붙인 부사는 형용사의 중성형과 모양이 같다.

Det är platser som är speciell**t** ovanliga. '그런 곳은 특별히 유별난 지역들이다.'

Vi får promenera fri**tt** ute i naturen. '우리는 자연에 속에서 자유롭게 산책해도 된다.'

Det var verklig**en** svårt. '정말 힘들군요.'

22-3 번역

'자연접근권'은 스웨덴 국민의 오래된 권리의 하나로 누구나 야외 자연에서 자유로이 산책하고 다른 사람이 소유한 호수에서 수영할 수 있는 권한을 말한다. 그러나 우리는 다음과 같은 규정을 준수해야만 한다.

- 개인 소유지 일부를 제외한 모든 해변 가에서 수영해도 된다.
- 본인이 원하는 곳 어디서나 산책하고 스키를 타도된다.
- 모든 수역에서 배를 띄워도 된다.
- 야생딸기, 버섯, 채취가 금지되지 않은 꽃은 따도 된다. 그러나 잡목이나 나무를 훼손해서는 안 된다.
- 자연에 쓰레기를 버려서는 안 된다.

스웨덴에는 여러 곳에 자연보호지역이 있다. 그곳은 특별히 예외적인 장소이거나 아름다운 지역이다.

거기서 사람들은 산책도 하고 수영도 한다. 그러나 꽃은 꺾어서는 안된다. 그곳에 가는 많은 사람들이 사진 찍기를 좋아한다. 그들은 종종 음식을 준비해 가지고 가서 야외에 앉아 커피도 마시고 스머르고스(샌드위치)도 먹는다.

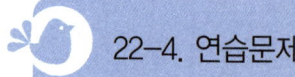

22-4. 연습문제

1. 다음 ( ) 속에 **var, när, hur, varför** 중에서 알맞은 것을 넣으시오.

   1) Kan ni säga (   ) postkontoret öppnar?
   2) Jag frågar (   ) han sitter hela dagen hemma?
   3) Han vet inte (   ) han lade sin väska.
   4) De vill veta (   ) dags vi åker hemifrån.

2. 다음 문장을 스웨덴어로 바꾸시오. (116쪽의 정지부사/동작부사 이용)

   1) 당신은 어디로 가십니까?
   2) 나는 저쪽으로 갑니다.
   3) 우산은 어디에 있습니까?
   4) 그것은 여기에 있습니다.
   5) 우리는 어제 오후에 거기에 있었습니다.

**Lektion 23
tjugottre**

Ett brev från Anna-Lena i Lund
룬드의 안나-레나 한테서 온 편지

Lund den 20 januari 2012

Hej Lisa!
Och tack för brevet, som vi fick förra veckan. Det var verkligen roligt att höra ifrån dig. Vi mår bra alla tre! Ja, vi har fått tillökning i familjen. Vi har adopterat en liten flicka från Bangladesh. Linda heter hon och hon fyller tre år nästa vecka. Jag skickar ett foto på henne. Visst är hon söt? Det var roligt att höra, att du tänker komma hit i sommar. Du är naturligtvis välkommen att bo hos oss, om du vill.

Mamma och pappa mår bra, fast pappa har lite ont i lederna. Men det är åldern förstås. Snart är man väl själv där! Du frågar om skatter, kriminalitet och så vidare, och jag vet inte vad jag ska svara. Vi har ju fått ett nytt skattesystem - vi kommer att betala nästan enbart kommunalskatt - och jag tror att det blir bättre för oss.

Miljön är förstås viktig, och både Sven och jag har bestämt, att vi ska bli medlemmar i Greenpeace och vi funderar på att rösta på Miljöpartiet i nästa val. Men det där får vi tala mer om, när du kommer hit. Hälsa Alan och barnen så mycket. Rolf undrar förresten, om Alan är kvar på samma jobb. Han skulle behöva köpa ett nytt program till datorn. Men han ringer om det senare.

En stor kram från Anna-Lena, Rolf och Linda

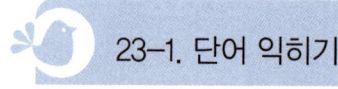

23-1. 단어 익히기

förra veckan 지난 주	skattesystem ~et ~ 세금제도(세제)
få får fick fått 얻다, 손에 넣다	enbart 단지, …만(뿐)
verkligen[værk-] 정말로, 실제로	kommunalskatt ~en ~er 지방세
rolig ~t ~a 즐거운, 재미있는	milj´ö ~n ~er 환경
höra ifrån …로부터 소식을 듣다	viktig 중요한
må ~r ~dde ~tt (기력,기분) 느끼다	både A och B, A와 B 양쪽 다
tillökning ~en ~ar 증가, 증원	medlem ~men ~mar 회원
adoptera ~r ~de ~t 입양하다	Greenpeace 그린피스(국제적인 자연보호단체)
fyll/a -er -de -t 채우다	fundera ~r ~de ~t 숙고하다, 곰곰이 생각하다
nästa vecka 다음주	rösta ~r ~de ~t 투표하다(på)
skicka ~r ~de ~t 보내다	Miljöpartiet (스웨덴의) 환경당
foto ~t ~n 사진	val ~et ~ 선거, 투표
visst 틀림없이, 분명히, 물론	undra ~r ~de ~t 궁금하다, 궁금해 하다
söt 예쁜	förresten 그 밖에, 그 외로
naturligtvis 물론, 당연히	kvar 남아 있는
fast (비록) …이긴 하지만	samma 같은, 동일한
behöv/a -er -de -t 필요하다, … 필요로 하다	skulle ska의 과거(의도, 약속 서법조동사) skola ska skulle skolat

ha ont i	… 가 아프다	led ~en ~er	관절, 마디
åld/er -ern -rar	나이, 연령	själv ~t ~a	그 자신
Anna-Lena	이중 여성이름	snart	곧, 머지않아
Lisa, Linda	여성이름들	skatt ~en ~er	세금; 보물
program ~met ~	[정보통신] 프로그램	kriminalit´et ~en 0	범죄행위
dator ~n ~er	컴퓨터	och så vidare	기타 등등
senare	뒤에, 후에	svara ~r ~de ~t	대답하다
kram ~en ~ar	포옹		

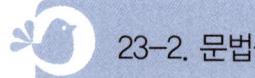 23-2. 문법공부

1) 복합수동형과 s-수동형

스웨덴어의 수동형에는 두 가지 형식이 있다. 하나는 21.2 1)의 (2)에서 설명한대로 **복합수동형** 'bli / vara +과거분사' 형식이다. Kakan är hembakad. '케이크는 집에서 구운 것이다.'

다른 하나는 **s-수동형**으로 동사의 현재형 어미 -(e)r를 떼어낸 **어간**에 대신 -s를 붙이면 현재수동형, '동사과거형+s' 는 **과거수동형**, 'ha+완료분사+s' 는 **완료수동형**이 된다. 본문 중에서 Och så **bryts** förbindelsen. '이렇게 해서 전화연결이 끊어진다.' 는 현재수동 문장이다.

Kakan baka**s**. (현재수동)

Kakan baka**des**. (과거수동)

Kakan **har bakats**. (현재완료수동)

2) 상호동사와 이태동사

한편 **s-수동형**은 외형상으로 **상호동사** ses, träffas, mötas 와 같다. 그러나 이들은 동작의 상호적 의미를 나타내기 때문에 항상 **복수주어**와 함께 쓰인다.

Vi **träffas** nästa vecka. '우리 다음 주에 만나자.'

그 밖에 어미가 -s 로 끝나는 동사는 hoppas'희망하다', trivs'즐기다, …하기 좋다' 따위가 있는데 모양은 수동형 같지만 의미는 능동이기 때문에 **이태동사**라고 부른다.

De **hoppas** att ni kommer tillbaka. '그들은 너희들이 돌아오기를 바란다.'

3) 부정법의 형용사적 용법

Du är välkommen **att bo** hos oss. '네가 우리 집에 묵는 걸 환영한다.'

위 문장 중 välkommen att bo에서 부정법 att bo가 형용사의 수식어로서 쓰였다.

Det är dyrt **att bo** i Seoul. '서울에서 생활은 비용이 많이 든다.'

부정법 att bo가 형용사 dyrt를 수식한다.

4) 편지 서식

편지지의 우측 상단에 발신자가 편지를 쓰는 **장소, 일자**를 적는데 일자 앞에 **den**을 붙여 **서수**로 표시한다. 그 다음에 월, 년도 순으로 적는다: Lund den 20 januari 2012

23-3 번역

리사에게

그간 잘 있었어. 지난주에 우리가 받은 편지 고마워. 네게서 소식을 들으니 정말 반갑다. 우리 세 식구 모두 잘 있어. 그런데 말이야 우리 가족에 증원이 있었지. 방글라데시에서 꼬마 아가씨를 하나 입양했거든. 그 애 이름은 *린다*라고 하는데 다음 주에 세 살이 되는 거야. 그 애 사진 한 장을 보냈어. 그래 어때 예쁘지 않니? 여름에 이곳에 올까 생각 중이라니 반가운 소식이야. 네가 원하면 우리 집에 머무는 거 물론 환영하지.

엄마, 아빠 모두 잘 지내신단다. 아빠가 관절이 좀 아프시긴 한데. 하지만 연세 때문이시잖아. 머지않아 우리 스스로도 그리 될 것 이니까. 세금, 범죄율에 대한 네 질문에 무어라고 대답해야 할지 모르겠다. 세금제도가 새로 채택되긴 했지 – 이제 지방세 정도만 납부하면 될 것 같아 – 내 생각에 우리한테는 더 나아질 것 같아 –

환경은 물론 중요하지. 그래서 우리는 *그린피스* 회원이 되기로 스벤과 결정했고 다음 선거에서 환경당에 투표할 것을 고려중이야. 하지만 그것에 대해서는 네가 여기에 오면 좀 더 이야기하기로 하자. 알란씨와 아이들에게도 안부 잘 전해줘. 그건 그렇고 (내 남편) 롤프는 *알란*씨가 같은 직장에 남아서 일하실 건지 궁금해 하고 있어. 그이가 컴퓨터의 새 프로그램을 사고 싶어 하는 것 같아. 그것에 대해서는 나중에 전화할 거야.

2012년 1월 20일 룬드에서
안나-레나, 롤프, 린다가 한 아름 포옹을 보내며

23-4. 연습문제

1. 다음 문장을 s-수동형으로 바꾸시오. (* 능동문의 주어가 중요하지 않을 때는 수동문에서 구태여 행위자로 표시하지 않아도 된다.)

1) De höjer priserna efter nyår.
2) Vi måste betala hyran idag.
3) Man har reparerat lägenheten.
4) Någon släckte lamporna.
5) Polisen stoppade honom.

2. 아래 문장을 ( ) 속에 지시한 수동문으로 바꾸시오.

1) De öppnar bibllioteket klockan nio. (s-수동)
2) Alla läser den här boken. (s-수동)
3) Hon städade trappan i morse. (복합수동)
4) Jag presenterad honom för en dam. (복합수동)

3. 서법조동사 får, kan, måste, ska, vill 중에서 하나를 사용하여 다음 문장을 스웨덴어로 바꾸시오.

1) 내 아들은 읽고 쓸 수 있다.
2) 나는 너를 내일 만나고 싶다.
3) 안나의 남편은 매일 설거지를 해야만 한다.
4) 여기서 담배를 피워도 되나요?
5) 나는 내년에 스웨덴어를 공부하려고 한다.

Den svenska sommaren 스웨덴의 여름

Sommar är ett viktigt ord för många svenskar. Under en stor del av året är det mörkt och kallt i Sverige. Dagarna är korta. Man längtar efter sommaren med dessa långa dagar och korta, ljusa nätter. Man talar om sommaren och tänker på vad man ska göra, när sommaren kommer. Nästan alla svenskar vill ha sin semester på sommaren. Många har också en sommarstuga, där de bor under semestern. Barnen är lediga från skolan länge. Sommarlovet brukar börja i mitten av juni, och höstterminen börjar i slutet av augusti.

Många industrier är intresserade av att deras anställda ska ta semester vid andra tider på året. Men de flesta vill ändå vara lediga i juli och augusti: bada, sola sig på stranden, måla stugan, promenera i skogen, plocka bär, ligga i gräset, lyssna på fåglarna och dansa på bryggan vid sjön en sommarnatt.

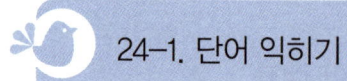
24-1. 단어 익히기

sommar	~en somrar 여름	längta efter	그리워하다, 동경하다
viktig	중요한	lång	긴
många	많은(수효), *fler, flest*	kort	짧은
mycket	많은(수량), *mer, mest*	ljus	밝은, 환한
en stor del av	…의 상당부분	natt ~en nätter	밤, 야간
mörk	어두운	tala om	…에 대해 말하다
kall	추운	tänka på	…에 대해 생각하다
när	…할 때에; 언제	de flesta	대다수(의)
nästan	거의	vilja vill ville velat	…하기 원하다
svensk ~en ~ar	스웨덴 남자	ändå	그래도, 여전히
svenska ~n	스웨덴어; 스웨덴여자 (복수 *svenskor*)	andra annan annat andra	다른, 다른 것들(복수)
semester ~n semestrar	휴가	juli	(불변화 en-명사) 칠월
sommarstug/a -an -or	여름집	sola sig	일광욕하다
under	…아래; …기간 중에	strand ~en stränder	해변가, 해안
barn ~et ~	아이	måla ~r ~de ~t	칠하다, 그리다
ledig	쉬는, 한가한	skog ~en ~ar	숲, 산림
skol/a -an -or	학교	plocka ~r ~de ~t	따다, 꺾다
sommarlov ~et ~	여름방학	bär ~et ~	야생 딸기류, 베리

börja ~r ~de ~t   시작하다

i mitten av   …의 중간에

juni   (불변화 en-명사) 유월

hösttermin ~en ~er   가을학기

i slutet av   …의 끝 무렵에, …말에

aug´usti   (불변화 en-명사) 8월

industr´i ~n ~er   산업(체)

anställd   고용된 사람(사원)

ligg/a -er låg legat   눕다, 위치하다

gräs ~et ~   풀, 잔디

lyssna på   듣다

fågel ~n fåglar   새, 조류

brygg/a -an -or   다리, 떠있는 선창

sjö ~n ~ar   호수, 바다

deras anställda   그들의 피고용인들;

ta semester   휴가를 얻다-

 24-2. 문법공부

1) 접속사

문장에서 단어, 구, 절을 연결해주는 구실을 하는 것이 **접속사**이다. 접속사는 문장요소를 결합하는 방식에 따라 두 가지로 나뉘는데, 대등한 관계로 연결시키는 **등위접속사**(och, men, eller, för)와 주절에 종속절을 연결시키는 **종속접속사**(att, när, innan, medan, sedan)가 있다.

- **등위접속사: och** (…과), **men** (그러나), **eller** (또는), **för** (왜냐하면)

    Olle och Stina lyssnar på rockmusik. '올레와 스티나는 록음악을 듣는다.'
    Olle står men Stina sitter. '올레는 서 있으나 스티나는 앉아있다.'
    Olle vill ha te eller kaffe. '올레는 차나 커피를 원한다.'
    Olle stannade hemma, för det regnade ute.
    '올레는 집에 있었다, 왜냐하면 밖에 비가 내렸으니까'

- **종속접속사: att**(…라고 하는), **när**(…할 때에), **då**(…할 때에/하기 때문에), **innan**(…하기 전에), **medan**(…하는 동안), **sedan**(…한 이후에)

    Han säger, att han är sjuk idag. '그는 오늘 아프다고 말 한다'
    Jag gick ut när/då han kom in. '그가 들어 올 때 나는 나갔다.'
    Innan de går på bio, äter de middag. '그들은 영화관에 가기 전에 저녁을 먹는다.'
    Medan de äter frukost, lyssnar de på radio.
    '그들은 아침을 먹는 사이에 라디오를 듣는다.'
    Sedan de har ätit lunch, går de på bio. '그들은 점심을 먹은 후에 영화관에 간다.'

2) 전치사구(2) i mitten av

전치사를 중심으로 하나 이상의 단어가 모여 구를 이룬 것을 **전치사구**라고 한다. 본문의 i mitten av(…의 중순에), i slutet av(…의 끝 무렵에). 그밖에도 för … sedan(… 전에), sedan … tillbaka(… 이래), med anledning av(… 연유로), **på grund av**(… 때문에) 등과 같은 전치사구가 있다.

Han tog sin examen för en vecka sedan. '그는 일주일전에 시험에 합격했다.'

Familjen Andersson bor i Seoul sedan 10 år tillbaka.

'안데르손 씨 가족은 10년 전부터 서울에 거주한다.'

Han reste till Sverige med anledning av sin dotters bröllop.

'그는 딸 결혼식 때문에 스웨덴에 갔다.'

Skolan är stängd på grund av mun-fötter sjukdom.

'학교는 구제역병으로 문을 닫았다.'

3) 관계부사 där와 dit

관계부사는 두 개의 절을 이어주는 **접속사**와 **부사**의 구실을 한다. **där**(거기에)는 **정지동사**와 함께, **dit**(거기로)는 **동작동사**와 함께 쓰인다.

Många har en sommarstuga, **där** de bor under semestern.

'많은 이들이 여름집을 가지고 있는데 휴가 중에 그들은 거기서 지낸다.'

Många har en sommarstuga, **dit** de åker på söndagarna.

'많은 이들이 여름집을 가지고 있는데 일요일이면 그들은 거기로 간다.'

4) 의문대명사 vad som; vem som

의문대명사 **vad**(무엇), **vem**(누구), **vilken**(어느 것) 등이 종속절에서 **주어**로 쓰이면 **주격표시**로 관계대명사 **som**을 덧붙이고, 목적격일 때는 단독으로 쓰인다. 이때 의문대명사는 **간접의문문**을 만든다.

Man undrar, **vad som** finns i den här lådan. (주격)

'사람들은 이 상자 속에 무엇이 있는지 궁금해 한다.'

Man tänker på **vad** man ska göra under semestern. (목적격)

'사람들은 휴가 중에 무엇을 할 것인가 생각한다.'

Jag undrar **vem som** har målat den här tavlan. (주격)

'이 그림을 누가 그렸는지 궁금해'

5) 형용사가 명사로 쓰일 때

형용사가 뒤 따르는 명사의 도움 없이도 의미가 확실할 때에는 단독으로 **명사**처럼 쓰인다. 따라서 그 앞에 부정관사, (독립)정관사, 수사, 인칭대명사, 소유격 등 수식어가 올 수 있다.

이때 형용사 끝에 붙는 어미 **-a**는 복수어미 또는 **정형어미**이다.

en bekant '아는 사람', två bekanta '두 명의 친지'

Deras anställda ska ta semester vid andra tider på året.

'그들의 피고용인은 일 년 중 다른 계절에 휴가를 가려고 한다.'

24-3 번역

많은 스웨덴 사람들에게 '여름'은 중요한 단어이다. 스웨덴은 일 년 중에 상당한 기간이 어둡고 춥다. 낮 시간도 짧다. 그래서 사람들은 낮 시간이 길며 밤이 짧고 환한 여름을 그리워한다. 그들은 여름에 대해서 이야기를 나누고 여름이 오면 무엇을 할 것인가 생각한다.

모든 사람들은 거의 다 여름에 휴가를 보내려고 한다. 많은 이들이 여름집을 하나 가지고 있어 휴가를 거기서 보낸다. 아이들은 학교를 오랫동안 쉰다. 여름방학은 대개 6월 중순에 시작하며 가을학기는 8월 말에 시작한다.

많은 산업체들은 직원들이 일 년 중 다른 계절에 휴가를 가주기를 바란다. 그러나 대다수가 7월과 8월에 쉬기를 원하며 해변 가에서 수영도 하고 일광욕도 하고 싶어 한다. 또 여름집을 새로 칠하고 숲속을 산책하며 야생 딸기도 딴다. 잔디에 누워서 새들이 지저귀는 소리도 듣고 여름밤에는 호수가 선창에서 춤을 추기도 한다.

24-4. 연습문제

1. 접속사 **och, men, eller, för, att, när, då, innan** 중에서 적당한 것을 골라 (   ) 속에 넣으시오.

   1) Vad vill du ha kaffe (   ) te?
   2) Jag vill ha kaffe, (   ) inte te.
   3) Hon vill inte ha äpple, (   ) hon tycker inte om det.
   4) Vi tittade på TV, (   ) de kom hem från arbetet.
   5) Vi måste åka hem, (   ) det blir mörk.

2. 때를 표시하는 아래 전치사구를 이용해서 우리말을 스웨덴어로 바꾸시오.

   i morgon(내일), i kväll(오늘 저녁에), på morgonen (아침에), på våren (봄에), i höstas(지난 가을에)

   1) 우리는 내일 일찍 부산에 간다.
   2) 당신은 오늘 저녁에 사무실에 갈거요?
   3) 농부들은 봄에 비가 많이 오기를 바란다.
   4) 그는 지난 가을에 직장을 그만 두었다.
   5) 아침에는 새들이 지저귄다.

오늘 하루도 수고 하셨습니다.

Stockholm   스톡홀름

Stockholm är Sveriges huvudstad och också den största staden i landet med ungefär en miljon invånare. Här bor kungen, och här arbetar också regeringen och riksdagen. För sju hundra år sedan var Stockholm en mycket liten stad - "Gamla Stan". Men så småningom började staden växa åt norr och söder. Denna utveckling har fortsatt in i vår tid. Numera bor de flesta av stadens invånare i förorter utanför stadens centrum i höghus med alla moderna bekvämligheter - kylskåp, frysbox, TV etc. Varje morgon åker många bil till arbetet i centrum. Köerna är långa, och det går inte fort, men många tycker kanske, att det är trevligare att sitta ensam i sin egen bil än att åka tunnelbana tillsammans med en massa andra människor.

Men Stockholm är också en fin stad. Det finns stora, vackra parker att promenera i och många gamla fina hus att titta på. Och utsikten över staden från någon bro en sommarmorgon är underbar.

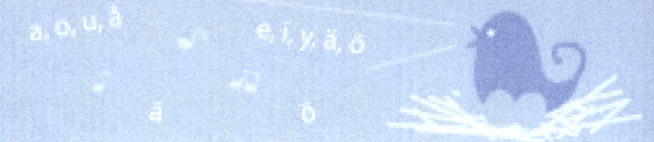

25-1. 단어 익히기

huvud/stad ~en -städer 수도
störst *stor* '큰'의 최상급, *större* '비교급'
land ~et länder 나라; 시골
ungefär 약, 대략
miljon ~en ~er 백만
invånare ~n ~ 인구, 주민
bo ~r ~dde ~tt 살다, 거주하다
regering [rej´e:riŋ] ~en ~ar 정부, 내각

riksdag ~en ~ar 의회
frysbox ~en ~ar 냉동기
sjuhundra 칠백, 700
för ... sedan … 전에
stad ~en(stan) städer 도시
Gamla Stan '옛 시가지'란 뜻으로 스톡홀름의 발상지
så småningom 점차, 점점
väx/a -er -te -t 성장하다
åt …쪽으로, …향해서
norr 북쪽

söder 남쪽
fortsätta in i …까지 계속되다. (동사+부사+전치사)
de flesta 대다수
förort ~en ~er 교외, 근교
modern [mɔd´æ:ɳ] 현대의
höghus ~et ~ 고층아파트
bekvämlighet ~en ~er 편의(시설)
kylskåp ~et ~ 냉장고

kö [kø:] ~n ~er 줄, 열
fort 빨리
trevlig 기분 좋은, 즐거운
än …보다 (비교급과 함께)
mass/a -an -or 다중, 다수
tunnelban/a -an -or 지하철
människ/a [mɛniʃa] -an -or 사람
utsikt ~en ~er 조망, 전망
underbar 경이로운, 멋진
numera 지금은, 현재는

denna detta dessa 그것, 이것	**utanför** ⋯밖에, 교외에
vår 우리들의(소유대명사 1인칭 복수)	**centr/um** -et, ~/centra 중심, 중앙
utveckling ~en ~ar 발전, 발달	**etc.** etcetera/et cetera 의 준말; 등등(och så vidare)
fort/sätta -sätter -satte -satt 계속하다	**kanske**[kanʃe] 아마도, 어쩌면
egen[eːgen] 자기 자신의	**park** ~en ~er 공원
tillsammans 함께, 같이	**bro** ~n ~ar 다리, 교량
över ⋯위에, 넘어서	**från** ⋯로부터, 에서

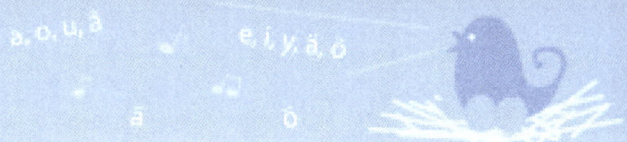

25-2. 문법공부

1) 어순(단어 배열순서)

- **바른 어순(정치):** 어순에는 바른 어순과 뒤바뀐 어순이 있다. 평서문은 '주어+동사'의 순서로 배열된다. **의문대명사** 또는 **대등접속사**(och, men, för, utan)로 시작하는 문장의 어순도 바른 어순이다.

  <u>Nilsson</u> <u>har</u> en gammal bil. '닐손은 중고차를 가지고 있다.'
   (주어) (동사)

  <u>Vem</u> <u>ringde</u> igår? '누가 어제 전화를 걸었지?'
   (주어) (동사)

  Han spelade fotboll, men <u>jag</u> <u>läste</u> svenska. '그는 축구를 했지만 나는 스웨덴어를 공부했다.'
                        (주어) (동사)

- **뒤바뀐 어순(도치):** 술어동사가 주어 앞에 오는 '**동사+주어**'의 어순을 가리킨다. 주어 이외의 다른 요소들, 동사, 부사, 전치사구, 목적어 등이 문두에 나오면 어순은 뒤바뀐다. 문장의 어느 특정 요소를 강조하려면 이와 같은 어순이 적용되는데 이를 **강조어순**이라고 한다.

  <u>Arbetar</u> din fru också? '당신 부인도 일하시오?'
   (동사) (주어)

  <u>Nu</u> är vintern här i Korea. '이제 이곳 한국에도 겨울이 왔다.'
  (부사)(동사)(주어)

  <u>För</u> en månad <u>sedan</u> slutade han sitt jobb. '한 달 전에 그는 일을 그만두었다.'
  (전치사구)   (동사) (주어)

  <u>Henne</u> har jag aldrig älskat förr. '나는 이전에 그녀를 사랑해본 적이 전혀 없다.'
  (목적어)(동사)(주어)   <강조어순>

  <u>Julen</u> firar man till minne av Jesu födelse. '예수의 탄생을 기념하여 성탄을 경축한다.'
  (목적어)(동사)(주어)   <강조어순>

2) 접속사 att ... 용법

att는 원형동사와 함께 **부정법**을 만들지만 **접속사**로도 쓰인다. 본문에서

... , men många tycker kanske, **att** det är trevligare **att** sitta ensam i sin egen bil ...

에서 앞의 att는 접속사로 동사 tycker의 목적어절을 이끈다. 그러나 뒤의 att는 부정법 표지로 sitta와 함께 형식주어 det를 받는다.

3) 전치사구(3)

전치사와 다른 단어가 모여 하나의 구를 이룬 것을 말하며 아래와 같은 사례가 있다.

i stället för, för … sedan, till höger om, i höst, i morse, i kväll, på våren, på morgonen, på söndag:

Hans pappa kom till föräldramötet i stället för mamman.
'그 애 아빠가 엄마 대신에 학부모 회의에 왔다.'
Jag fick ett brev från henne för två dagar sedan.
'나는 이틀 전에 그녀에게서 편지 한통을 받았다.'
Han sitter till höger om rektorn. '그는 교장선생의 오른쪽에 앉아 있다.'
Lillan ska börja skolan i höst. '꼬마는 가을에 입학한다.'

4) 동사 +부사 +전치사 (går in i affären)

한 문장 안에서 동사와 부사, 전치사가 어울려 쓰이는 일이 스웨덴어에서는 종종 있다.

Vargen går in i skogen. '늑대는 숲속으로 들어간다.'
De går in på ett apotek. '그들은 약국으로 들어간다.'
Denna utveckling har fortsatt in i vår tid.
'이러한 발전이 오늘날까지 계속되어 왔다.'

25-3 번역

　스톡홀름은 스웨덴의 수도이며 주민이 약 100만 명쯤 되는 이 나라 최대의 도시이기도 하다. 이곳에는 국왕이 거주하고 정부와 의회가 일을 한다.

　700년 전 스톡홀름은 '가믈라스탄'이라고 하는 아주 작은 시가지였다. 그러나 도시는 점차 북쪽과 남쪽 방향으로 확장되기 시작했다. 이러한 발전은 오늘날까지 계속되어 왔다. 이제는 도시 주민 대부분이 도심지에서 벗어나 교외의 고층아파트에서 냉장고, 냉동기, TV 같은 현대적 편의 시설을 갖추고 산다. 아침이면 많은 사람들이 차를 몰고 도심의 직장으로 향한다. 자동차 대열이 길어서 빨리 가지는 못하지만 많은 이들은 다른 사람들과 함께 북적이며 지하철을 타는 것보다 자기 차에 혼자 앉아 가는 것이 더 편하다고 생각한다.

　하지만 스톡홀름은 아름다운 도시이기도 하다. 산책하기에 좋은 크고 아름다운 공원들이 있고 멋지게 생긴 옛날집들이 많아서 구경하기 좋다. 그리고 여름날 아침에 어느 다리 위에서 내려다보는 시가지의 전망은 환상적이다.

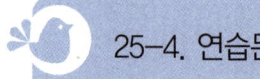

25-4. 연습문제

1. 밑줄 친 부분을 문두에 내세워 문장을 재구성하시오.

   1) Jag måste sova <u>snart</u>.
   2) Det finns en säng <u>i rummet</u>.
   3) Min son ska åka till Sverige <u>nästa år</u>.
   4) Ni kan ta <u>buss nummer 230</u>.
   5) Jag går hem, <u>om det är vackert väder</u>.

2. **att** 부정법을 사용하여 다음 문장을 스웨덴어로 바꾸시오.

   1) 비가 오기 시작했으나 곧 그쳤다.
   2) 그는 밤낮 공부하는 것을 좋아하지 않는다.
   3) 100 크로나 지폐 한 장 바꿀 수 있나요?
   4) 나는 출근을 위해 일찍 일어났다.

Svenskarna och tiden   스웨덴 사람들과 시간

Svenskarna tänker alltid på klockan, och de har alltid bråttom. Så tycker många invandrare, speciellt från Afrika, Asien och Sydamerika. Varför har svenskarna så bråttom?

I Sverige är det ett ideal att vara aktiv och effektiv. Tid är pengar, brukar man säga. Därför planerar man tiden, så att man hinner göra så många saker som möjligt: arbeta, vara tillsammans med barnen, motionera, träffa vänner, gå på bio, titta på TV, läsa och så vidare. Många har en kalender, och i den skriver de vad de ska göra.

Svenskar tycker också det är viktigt att passa tider. De tycker inte om att vänta. Ett exempel: Sven och Erik har bestämt att de ska träffas klockan två. När klockan är kvart över två har Erik inte kommit. Sven börjar bli irriterad. Han tycker att Erik är oartig som inte bry sig om hans tid. Halv tre kommer Erik. Han ber om ursäkt för att han kommer för sent. Han förklarar också varför han inte kunde komma i tid. På det sättet visar han att han inte var oartig.

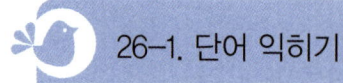

26-1. 단어 익히기

svenskarna svensk '스웨덴 인'의 복수정형

tänk/a -er -te -t 생각하다

vän ~nen ~ner 친구, 동무

invandrare ~n ~ 이민자, 이주민

speciellt 특히

Sydamerika 남미(南美)

ideal [ide´a:l] ~et ~ 이상(理想)

aktiv 적극적, 활동적인

effektiv 효과적, 효율적

tid ~en ~er 시간, 때

pengar 돈 (복수형)

därför 그래서

planera 계획하다

så att 그리하여

hinna hinner hann hunnit (시간, 장소에) 이르다

motionera 운동하다

bråttom ha bråttom 바쁘다, 급하다

och så vidare 기타, 등등

kalend/er -er -rar 달력,

viktig 중요한

passa ~r ~de ~t 시간을 지키다

vänta ~r ~de ~t 기다리다

bestäm/ma -er -de -t 결정하다

irriterad 화가 난

oartig 불손한, 무례한

bry sig om …에 마음을 쓰다

be ber bad bett 요청하다, 부탁하다

ursäkt ~en ~er 사과, 변명

förklara ~r ~de ~t 설명하다

på det sättet 그런 방식으로

så många saker som möjligt 될수록 많은 일

tillsammans 같이, 함께

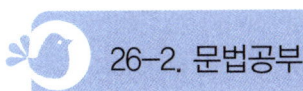 26-2. 문법공부

1) 부사 alltså, därför

부사 중에는 varför(왜)라는 물음에 대응하여 사유를 설명하는 것들이 있다. därför(그러므로), alltså(따라서/즉), så(그래서), sålunda(이리하여).

Därför planerar man tiden ... '그러므로 사람들은 시간을 계획 한다' (어순: 도치)

• **därför att** (접속사)는 '왜냐하면 …이니까'

Man planerar tiden, **därför att** man har mycket att göra.
'사람들은 할 일이 많기 때문에 시간을 계획한다.' (어순: 정치)

Hennes föräldrar - min farbror och faster **alltså** - har alltid talat svenska med barnen. '그녀의 부모, 즉 나의 숙부와 숙모는 항상 아이들과 스웨덴어를 사용했다.'

2) 종속접속사 så att (så … att)

종속절을 주절에 연결시켜주는 **종속접속사**로는 att, om, då, när, innan, sedan 과 같은 단일형과 så att처럼 '**부사+접속사**'로 이뤄진 단어군이 있다.

Därför planerar man tiden, så att man hinner göra så många saker som möjligt.
'그래서 시간을 계획하고 그 결과 되도록 많은 일을 하게 된다.'

3) 이동부사 위치: inte, aldrig, alltid, ofta

자주 쓰이는 부사 중에는 그 위치가 **주절**과 **종속절**에서 달라지는 것이 있는데 이들을 가리켜 **이동부사**라고 한다. 즉 inte, aldrig, alltid, ofta, sällan 과 같은 부사는 주절에서는 **첫 동사 다음**에 오고, 종속절에서는 **첫 동사 앞**에 온다.

Han dricker inte kaffe. '그는 커피를 마시지 않는다.'

Jag tror att han inte dricker kaffe. '내 생각에 그는 커피를 마시지 않아.'

Erik är oartig som inte bry sig om hans tid. '에릭은 약속 시간을 지키지 않으니 무례하다.'
이 문장은 'Erik som inte bry sig om hans tid är oartig'의 어순을 바꾼 것으로 *Erik*을 수식하는 관계절이 너무 길어서 서술형용사 oartig를 주어+동사 다음으로 옮긴 것이다.

4) denna, detta, dessa (지시대명사 3)

지시대명사는 단독으로 쓰일 뿐만 아니라 명사 앞에서 그것을 수식하기도 한다. 앞에서 나온 den, det, de, den här, det här 따위 이외에 denna(통성), detta(중성), dessa(복수형)는 주로 **문어체**에 쓰인다. 이들 지시대명사의 수식을 받는 명사 끝에는 어말관사를 붙이지 않는다.

　　Denna utveckling har fortsatt in i vår tid. '이러한 발전은 우리시대에도 지속되어왔다.'
　　Detta barn kan inte tala normalt. '이 아이는 정상적으로 말을 하지 못한다.'
　　All viktig information finns i dessa sidor. '모든 중요한 정보는 이들 페이지에 있다.'

5) tycker 와 tänker

두 동사 모두 우리말로는 '생각하다' 인데 tycker 는 '내 생각에 그렇다, 그렇게 여기다' 정도의 의미이다. 반면에 tänker 는 '사고하다, 숙고하다'와 같은 판단의 결과까지를 내다보는 진지한 생각을 뜻한다.

　　Han tycker att Erik är oartig. '그는 에릭이 무례하다고 생각한다.'
　　Svenskarna tänker alltid på klockan. '스웨덴 사람들은 항상 시간을 생각한다.'
　　Många tänker inte på att det är en kristen högtid.
　　'많은 이들은 그날이 그리스도의 축일임을 생각지 못한다.'

26-3 번역

스웨덴사람들은 항상 시간을 생각하며 언제나 분주하다고 많은 이민자들은 여긴다. 특히 *아프리카, 아시아, 남미*에서 온 사람들이 그렇게 본다. 왜 스웨덴인들은 그렇게 바쁜가?

*스웨덴*에서는 적극적이고 효과적으로 사는 것이 하나의 이상으로 되어 있다. '시간은 돈이다'라고 그들은 종종 말한다. 그래서 시간을 계획해서 될수록 많은 일을 하도록 한다. 직장 일을 하고, 아이들과 함께 놀아주고, 밖에서 운동하고, 친구도 만나고, 영화구경도 가고, 텔레비전도 보고, 독서도 하는 등등. 그리하여 많은 사람들은 달력을 지니고 다니며 무엇을 할 것인가를 적어 놓는다.

스웨덴 사람들은 또한 시간을 지키는 일을 중요하게 생각한다. 그들은 기다리는 걸 좋아하지 않는다. 한 가지 예를 들어보자. 스벤과 에릭이 2시에 만나기로 약속을 했다. 그런데 2시15분이 되어도 에릭이 오지 않았다. 스벤은 짜증이 나기 시작한다. 그는 에릭이 자기와 약속한 시간을 지키지 않으니 무례하다고 생각한다. 2시 반에 에릭이 온다. 그는 늦게 온 것에 대해 사과를 한다. 그리고 왜 제 시간에 올 수 없었는지 설명한다. 그렇게 해서 그는 자신이 무례하지 않았음을 보여준다.

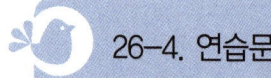

26-4. 연습문제

1. 다음 부사 중에서 알맞은 것을 골라 (   ) 속에 넣으시오.

   - så, alltid, då, alltså, ofta -

   1) Min son ska resa till Japan i morgon. (   ) kan han träffa din kusin där.
   2) Om du tycker om soppa, (   ) skulle jag föreslå ärtsoppan.
   3) Det snöar (   ) på vintern i Sverige.
   4) Vi kunde inte gå ut igår. Det regnade (   ) hela dagen.

2. 다음 문장에서 이동부사의 위치가 잘못된 곳을 바로 잡으시오.

   1) Det finns en tavla som jag tycker inte om.
   2) Jag inte tror att han kan läsa svenska.
   3) De vet att hon spelar tennis sällan.
   4) Jag tror att han kommer ofta hit.

Advent, jul och påsk   강림절, 성탄, 부활절

De fyra söndagarna före jul firar svenskarna advent. Ordet advent betyder ankomst. Den som ska komma är Jesus. Under adventstiden har man en ljusstake med fyra ljus, och man tänder ett nytt ljus varje söndag. Många svenskar hänger också en adventsstjärna i fönstret. Under adventstiden skriver de julkort och julbrev till släktingar och vänner för att önska dem "God jul".

Julen firar man till minne av Jesus födelse, men många tänker inte på att det är en kristen högtid. För dem är julmaten och julklapparna viktigast. Julmaten är traditionell, t.ex. skinka, julkorv och lutfisk. I många familjer doppar man i grytan. Det betyder att man doppar en brödskiva i skinkspad och äter den tillsammans med skinka.

På julaftons kväll ger man varandra julklappar. I många familjer ligger julklapparna runt granen på julafton. I andra familjer, speciellt i familjer med små barn, kommer en tomte med julklapparna och frågor: "Finns det några snälla små barn?"

Påsken är också en kristen högtid, som man firar till minne av Jesu uppståndelse. Men många svenskar är det framför allt en lång helg då man är ledig i fyra dagar: långfredagen, påskafton, påskdagen och annandag påsk. De äter ägg på påskafton. I många familjer brukar man måla påskaftonens ägg i glada färger, och barnen får ofta pappersägg med godis i.

27-1. 단어 익히기

före ··· 전에, 앞에

jul ~en ~ar 성탄, 크리스마스

fira ~r ~de ~t 축하하다

advˊent ~en 0 강림절(성탄일 이전 4주간)

ord ~et ~ 단어, 말

betyda betyder betydde betytt 의미하다

ankomst ~en ~er 도착

Jesus 예수, 그리스도

adventstid ~en 0 강림절 기간

ljus[jʉ:s] ~et ~ 빛, 광선, 촛불

ljusstak/e -en -ar 촛대

tända tänder tände tänt 불을 켜다

varje 매, 매번의

söndag ~en ~ar 일요일

häng/a -er -de -t 매달다, 걸다

adventsstjärn/a -an -or 강림절의 별 모양 등불

fönster fönstret ~ 창문

julkort ~et ~ 성탄카드

julbrev ~et ~ 성탄편지

släkting ~en ~ar 친척

önska ~r ~de ~t 기원하다, 빌다

God jul '즐거운 성탄일' (영: Merry Christmas)

till minne av ···을 기념하여

Jesus födelse 예수 탄생

tänka på att ···을 생각하다

kristen 그리스도의, 기독교의

högtid ~en ~er 축일, 축제

julmat ~en 0 성탄음식

julklapp ~en ~ar 성탄 선물

viktigast viktig 의 최상급

traditionell 전통적, 전통의

skink/a -an -or 햄, 돼지 허벅다리 살

julkorv ~en ~ar 성탄소시지

lutfisk ~en 0 (잿물에 담궈) 말린 생선

doppa ~r ~de ~t (물에) 적시다, 담그다

gryt/a -an -or 큰솥(냄비), 단지

brödskiv/a -an -or   빵조각

skinkspad ~et 0   소시지 삶은 물

julafton ~en julaftnar   성탄전야

kväll ~en ~ar   저녁

varandra   서로, 상호간에

gran ~en ~ar   전나무(성탄트리)

speciellt   특별히

små   liten의 복수형

tomt/e -en -ar   산타클로스(jul~)

snäll   착한

påsk ~en ~ar   부활절

uppståndelse ~n ~r   부활

framför allt   무엇보다도

helg[helj] ~en ~er   휴일

långfredag ~en 0   성(聖) 금요일

påskaft/on -onen -nar   부활절 전야

påskdagen   부활절 날

annandag påsk   부활절 다음날(월요일)

måla ~r ~de ~t   색칠하다, 그리다

färg[færj] ~en ~er   색깔, 물감

pappersägg ~et ~   달걀모양의 종이 곽
(부활절에 아이들에게 과자를 담아주는)

godis ~et 0   아이들 과자류

 **27-2. 문법공부**

1) 인칭대명사 den

인칭대명사 **den**은 사람을 가리킨다. 아래 문장에서 den은 주어로서 관계대명사 som이 이끄는 관계절의 수식을 받는다.

Den som ska komma är Jesus. '오시는 분은 예수입니다.'
Den som kommer först, får tio kronor. '먼저 오는 사람은 10 크로나를 받는다.'

2) för att ... (...하기 위하여)

전치사 för, på 는 부정법이나 절과 연결될 수 있다.

De skriver julkort till släktingar och vänner för att önska dem "God jul".
'그들은 즐거운 성탄을 기원하고자 친척과 친구들에게 성탄카드를 쓴다.' (**för** +부정법)
Många tänker inte på att det är en kristen högtid. (**på** +절)
'많은 이들이 그날은 그리스도의 축일이라는 걸 생각하지 못한다.'

3) 합성어(복합명사)

스웨덴어는 독일어처럼 합성어가 많은 언어이다. 만드는 방식은 **단어와 단어**를 바로 연결하는 것과 단어 사이에 **연결어미 -s**를 넣는 것, 그리고 다른 **연결어미(-o, -u 따위)**를 넣는 것 등 세 가지가 있다. 또 합성어 전체의 문법성은 맨 **뒷가지 명사의 성**을 따른다.

(1) jul+mat '성탄음식' ljus+stake '촛대' lång+fredag '성(聖) 금요일' / julmat ~en 0
(2) advent+s+tiden '강림절' papper+s+ägg '달걀모양 곽' / pappersägg ~et ~
(3) veck+o+tidning '주간지' gat+u+arbete '도로 작업' / veckotidning ~en ~ar
(이 경우는 앞 단어 vecka의 어미 -a가 -o로 바뀌고, gata의 어미 -a가 -u로 바뀐다.)

4) 형용사의 최상급 어미 (-aste/ -sta)

형용사의 최상급은 명사 앞에서는 **수식어**로, 동사 다음에서는 **서술어**로 쓰인다. 그러나 최상급 어미의 모양이 다른 점에 유의해야 한다. 명사 앞에 오는 최상급이 -ast로 끝나면 **-e**를 덧붙이고, **-st**로 끝나면 **-a**를 덧붙인다. 다음절 형용사는 원급에 -ast를 붙이고, 단음

절 형용사는 원급에 -st 를 붙이며 **어간모음**이 바뀐다.

　　Den viktig**aste** presenten är julklapp. '제일 중요한 선물은 성탄선물이다.'

　　Den läng**sta** floden i Korea heter Yalu-floden

　　'코레아에서 제일 긴 강은 압록강이라고 부른다.'

한편 **술어적** 위치에서 쓰일 때는 원급에 **-ast** 또는 **-st**만 붙이면 된다.

　　Julklapp är viktig**ast** för barnen. '성탄선물은 아이들에게 제일 중요하다.'

　　Yalu-floden är läng**st** i Korea. '압록강은 한국에서 제일 길다.'

27-3 번역

　　스웨덴사람들은 크리스마스를 앞두고 4주간의 일요일을 강림절로 맞이한다. 강림절이란 단어는 도착(강림)을 의미한다. 강림하실 분은 예수시다. 강림절 기간 동안 사람들은 4개의 촛불이 달린 촛대를 준비한다. 그리고 나서 매주 일요일이 되면 촛불을 하나씩 켠다. 많은 스웨덴인들은 창가에 강림별등불을 달아 놓는다. 강림절기간에는 친척과 친구들에게 성탄카드와 편지를 써 보내 '즐거운 성탄을 축하한다.'

　　그들은 예수 탄생을 기념하여 크리스마스를 경축한다. 그러나 많은 이 들은 그날이 그리스도를 위한 축일이라는 점을 생각하지 못한다. 그들에게는 성탄음식과 성탄선물이 제일 중요하다. 전통적인 성탄음식으로는 햄, 성탄소시지, 말린 생선 등이 있다. 여러 가정에서 단지에 살짝 찍어 먹기를 잘 하는데 이것은 소시지 삶은 국물에 빵조각을 찍어서 햄과 같이 먹는 것을 말한다.

　　성탄일 저녁에는 서로 선물 교환을 한다. 많은 가정에서 성탄일 저녁에 크리스마스트리 둘레에 선물을 늘어놓는다. 특히 꼬마 아이들이 있는 다른 가정에서는 성탄선물을 등에 진 산타할아버지가 와서 "여기 착한 꼬마 아이가 있느냐?" 고 묻는다.

　　부활절 역시 그리스도의 승천을 기념하는 축일이다. 그러나 많은 스웨덴인들에게 부활절은 우선 긴 휴일로 4일간이나 쉰다. 즉 성(聖) 금요일, 부활절 전일, 부활절, 부활절 후일.

　　그들은 부활절 저녁에 달걀을 먹는다. 여러 가정에서 부활절 저녁에 먹는 달걀에 재미있게 색칠을 하고 아이들은 종종 과자와 사탕이 들어있는 달걀 모양의 곽을 받는다.

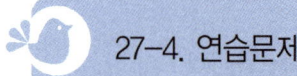

27-4. 연습문제

1. _____ 위에 **för att, om att, på att, över att** 중에서 하나를 넣어 문장을 완성하시오.

   1) Jag tycker _____ lyssa på musik.
   2) Han läste mycket _____ klara sig i examen.
   3) Barnen är glada _____ julen kommer snart.
   4) Han är säker _____ det blir varmt.
   5) Hon var ledsen _____ hennes mor var så sjuk.

2. 아래 단어들을 결합하여 합성어(복합명사)를 만드시오.

   1) en industri, ett land =
   2) ett land, en väg =
   3) ett arbete, ett rum =
   4) en vara, ett hus =
   5) en saga, en bok =

Svenska mattraditioner   스웨덴의 식문화 전통

Nuförtiden kan man äta turkisk kebab, italiensk pizza eller amerikanska hamburgare i Sverige, men det finns också äkta svensk mat. Den har lång tradition.

På 1400-talet började man använda salt för att konservera kött och det var vanligt förr att man åt salt sill och potatis. Till fest brukade man lägga in sillen i t ex ättika och lök, dvs dagens inlagda sill. Till den salta maten drack man mycket öl, och på 1700-talet blev det vanligt att bränna brännvin som man gjorde av potatis. Innan salt blev vanligt torkade man fisk - lutfisk vid jul är ett minne från den tiden. Ett annat sätt att konservera fisk var att syra eller grava den. Surströmming, ursprungligen en norrländsk rätt, äter man vid fester på hösten. Gravad lax är också festmat. Att ha kräftskiva är mycket vanligt i augusti.

Knäckebrödet eller tunnbrödet bakade man för att det skulle hålla länge. De stora runda brödkakorna hade hål i mitten så att man kunde hänga dem på stänger under taket. Svamp växte i alla skogar men det var först för 100 år sedan som folk på landsbygden började äta denna mat som de kunde plocka helt gratis. I skogen plockar man också bär på hösten. På 1700-tlaet började rika familjer dricka kaffe och det blev snabbt populärt över hela norden att fika. De nordiska folken är idag världens mest kaffedrikande folk.

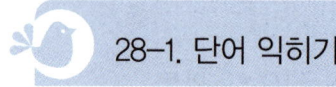
28-1. 단어 익히기

nuförtiden 오늘날에는, 요즘

turkisk 터키의

kebab[ke-] ~en ~er 구운 양고기 음식

italiensk 이탈리아의

pizz/a -an -or 피자

amerikansk 미국의

hamburgare [-burjarə] ~n ~ 햄버거

äkta 진짜의 (불변화 형용사)

tradit´ion [-ʃu:n]~en ~er 전통, 관습

1400-talet 1400년대

använda använder använde använt 사용하다, 이용하다

salt[1] ~et ~er 소금

salt[2] (형) 짠

för att … 하기 위해

konservera ~r ~de ~t 보존하다

kött ~et 0 고기, 육류

vanlig ~t ~a 일반적인, 보통의

förr 전에는, 이전에

åt äta의 과거

äta äter åt ätit 먹다

håll/a -er höll hållit 보존하다, 유지하다

sill ~en 0 청어

pot´atis ~en ~ar 감자

till fest 잔치에

lägg/a in 절이다(-er lade lagt)

ättika ~n 0 식초

lök ~en ~ar 양파

dvs, det vill säga 말하자면

bli blir blev blivit …가 되다

dagens 오늘날의

inlagda 절여진

drack dricka의 과거 (dricker drack druckit)

öl ~et 0 맥주

bränn/a -er -de -t (주류) 증류하여 만들다

brännvin ~et 0 독한 증류 술

torka ~r ~de ~t 말리다, 건조시키다.

lutfisk ~en ~ar	(잿물에 담궈) 말린 생선	i mitten	가운데에
vid jul	성탄 때에	häng/a -er -de -t	걸다
minne ~t ~n	추억, 회상	stång ~en stänger	작대기, 장대
syra ~r ~de ~t	시게 만들다	tak ~et ~	지붕
grava ~r ~de ~t	생선에 설탕, 소금, 후추가루, 향료 따위를 문질러 바르다	svamp ~en ~ar	버섯
surströmming ~en ~ar	발효시킨 청어	väx/a -er -te -t	자라나다, 성장하다
ursprungligen	원래, 본디	skog ~en ~ar	숲, 삼림
norrländsk	노를란드 지방의	landsbygd ~en 0	시골지역, 지방
rätt ~en ~er	요리, 음식	bär ~et ~	산딸기 류, 베리
lax ~en ~ar	연어	rik ~t ~a	부유한, 돈 많은
festmat ~en 0	잔치음식	snabbt	빨리
kräft/a -an -or	가재	popul´är ~t ~a	인기 있는, 대중적인
kräftskiv/a -an -or	가재 회식	hela	전체의
knäckebröd ~et ~	귀리 비스킷	helt	완전히, 전혀
tunnbröd ~et 0	효모가 없는 얇은 보리빵	gratis	무료로, 공짜로
stekt steka	'굽다' 의 과거분사	Norden	북유럽 제국(스웨덴, 노르웨이, 덴마크, 핀란드, 아이슬란드)
länge	오래	fika ~r ~de ~t	커피 마시다
rund	둥근	mest	가장, 제일
brödkak/a -an -or	납작하고 둥근 빵	nordisk	북유럽의
hål ~et ~	구멍	folk ~et ~	인민, 국민, 대중

 28-2. 문법공부

1) 현재분사

kaffedrickande에서 drickande는 동사 dricka '마시다'의 현재분사이다. 명사 앞에서 형용사처럼 쓰인다. kaffedrikande folk '커피 마시는 국민'

현재분사는 '**부정법(어간)+ande**' 로 만들고 부정법 어미가 -a로 끝나면 이를 떼어내고 **-ande**를 붙인다. 그러나 어간이 -a 이외의 다른 모음(-e -o -y -å -ä -ö)으로 끝나는 단음절어 동사에는 어미 **-ende**를 붙인다.

tala	tal**ande**	en talande docka 말하는 인형
gå	gå**ende**	en gående man 걸어가는 남자
bo	bo**ende**	ett boende folk 거주민

2) 현재분사의 용법

명사 앞에서 **부가적**으로 쓰일 때, 동사 다음에서 **서술적**으로 쓰일 때 명사의 성·수에 따른 어미변화가 없는 것이 특징이다.

(1) 형용사로

　　ett lekande barn 노는 아이 한명

　　två lekande flickor 노는 소녀 두 명

　　det älskande paret 한 쌍의 연인들

[주의] 순수한 형용사로 현재분사처럼 어미변화가 없는것도 있다 : äkta, stilla, extra

(2) 명사로

　　en gående 행인

　　en studerande 학생

(3) 부사로

　　Det var strålande vackert väder. 아주 화창한 날씨였다.

(4) 동사의 보어로

　　De kom springande. 그들은 뛰어 왔다.

3) hela norden '북유럽 전체'

hela '전체의, 모든' 이라는 형용사 다음에는 명사의 **정형**이 반드시 온다.

이 밖에 förra '이전의', båda '양쪽의' 다음에도 **정형명사**가 온다.

  hela dagen '온종일' förra veckan '지난 주', båda pojkarna '양쪽 소년들'

반대로 **부정형 명사**(무관사 명사)를 동반하는 형용사도 있다. samma '같은', nästa '다음의', följande '다음의' 따위가 그런 유형에 속한다.

  samma kväll '같은 저녁', nästa vecka '다음 주', följande dag '다음날'

4) 전치사 till, av

till은 주로 시간, 계절, 방향을 표시하는 전치사이나 때로는 방법, 태도를 나타내기도 한다.

  Kan du vänta här till klockan tre? (시간) '너 여기서 3시까지 기다려 주겠니?'

  Han åker tåg till Malmö. (방향) '그는 말뫼까지 기차로 간다.'

  Till den salta maten drack man mycket öl. (방법)

  '사람들은 짠 음식에 맥주를 많이 마셨다.'

전치사 av는 재료나 행위자를 표시하는 데 흔히 쓰인다.

  Det blev vanligt att bränna brännvin som man gjorde av potatis. (재료)

  '감자로 만든 독한 술을 증류하는 것이 일반화 되었다.'

  Boken har skrivits av en koreansk författare. (행위자)

  '그 책은 한국인 작가에 의해 쓰여졌다.'

5) 강조구문 (Det … som)

문장의 어느 부분이 중요하다고 생각할 때 그 부분을 **det är(var)** … **som** 사이에 끼워 넣으면 강조 효과를 나타낼 수 있다.

  Folk på landsbygden började äta denna mat först för 100 år sedan.

  '시골 주민들은 100년 전에 처음으로 이 음식을 먹기 시작했다.'

위 문장 중에서 först för 100 år sedan를 강조하여 다음과 같이 바꿀 수 있다.

  Det var först för 100 år sedan **som** folk på landsbygden började äta denna mat.

  '시골 주민들이 이 음식을 먹기 시작한 것은 100년 전에 비롯되었다.'

또 på landsbyggden을 강조하면

Det var på landsbyggden **som** folk började äta denna mat först för 100 år sedan.

'주민들이 100년 전 에 처음으로 이 음식을 먹기 시작한 곳은 시골이었다.'

28-3 번역

　요즘 스웨덴에서는 *터키*의 케밥, *이탈리아* 피자, *미국*의 햄버거를 먹을 수가 있다. 그러나 진짜 *스웨덴* 음식도 있는데 그것은 오랜 전통을 가지고 있다.

　1400년대에 고기를 저장하려고 소금을 사용하기 시작했으며 구운 짭짤한 청어와 감자를 먹는 게 예전에는 일반화 되어 있었다. 잔치 때에는 청어를 식초와 양파 속에 쳐 넣어, 말하자면 오늘의 절인청어를 만들었다. 짭짤한 음식에 맥주를 많이 마셨고 1700년대에는 감자를 재료로 독한 술을 증류해서 만드는 게 예사였다. 소금 사용이 일반화되기 전에는 생선을 말렸었는데 성탄절에 먹는 마른 생선은 그 시절의 하나의 추억거리가 되어있다. 생선을 저장하는 또 하나의 방법은 그것을 시게 만들거나 생선에 설탕, 소금, 후추 가루, 향료 따위를 문질러 바르는 것이다. 발효시킨 청어는 원래 노를란드지방의 음식인데 가을 잔치에 먹는다. 양념에 절인 연어 또한 잔치 음식이다. 가재 회식을 여는 것도 8월에는 아주 흔하다.

　귀리 비스켓이나 납작한 빵을 구운 것은 그것을 오래 보존하기 위해서였다. 크고 납작한 둥근 빵은 가운데에 구멍이 뚫려 있어서 장대에 꿰어 지붕 밑에 걸어 놓을 수가 있었다. 버섯은 숲속 어디서나 자라났지만 완전히 공짜로 딸 수 있는 이 식품을 100년 전 처음으로 시골주민들이 먹기 시작했다. 숲속에서는 가을에 산딸기류(베리)도 딴다. 1700년대에 *스웨덴*의 부유층 가족들은 커피를 마시기 시작했는데 북유럽 전체에 '커피 마시기'가 급속히 대중화하였다. 북유럽주민들은 오늘날 세계에서 가장 커피를 잘 마시는 사람들이다.

28-4. 연습문제

1. 본문 내용과 관련하여 적당한 말을 _____ 위에 넣으시오.

   1) Man drack så mycket öl eftersom det fanns _____ i maten.
   2) Ofta åt man _____ sill och _____.
   3) För att konservera fisk kunde man _____ den eller _____ den.
   4) Att _____ blev vanligt för 200 år sedan.
   5) _____ åt man ursprungligen i Norrland.

2. 다음 동사의 현재분사형을 쓰시오.

   baka   sitta
   åka   klä
   se   dö
   sy   sjunga

3. 전치사 **av, för, med, om, på, till** 등을 사용하여 우리말을 스웨덴어로 바꾸시오.

   1) 이 책상은 나무로 만들어졌다.
   2) 나는 너를 위해서 이 그림을 그렸다.
   3) 우리는 너와 함께 극장에 가고 싶다.
   4) 2주일 후에 그들은 파리로 여행한다.
   5) 얀손 씨는 은행에 돈이 많이 있다.
   6) 국회의사당은 여기에서 왼편에 있다.

 1. 연습문제 해답

연습문제 1-4

1) 그녀의 이름은 무엇입니까?
2) 그녀는 모나 라고 합니다.
3) 그의 이름은 무엇입니까?
4) 그는 얀 이라고 합니다.
5) 당신의 이름은 야콥 입니까?
6) 아닙니다, 페르 라고 합니다.

연습문제 2-4

1) 그는 누구입니까?
2) 그는 레이프 스벤손입니다.
3) 그는 무엇을 하는 사람입니까?
4) 그는 자동차 수리기사입니다.
5) 당신은 어디에서 왔습니까?
6) 저는 말뫼에서 왔습니다.

연습문제 3-4

1) 당신은 지금 집에 있나요? 예, 그래요.
2) 당신과 누이는 지금 집에 있나요?
   예, 그렇습니다.
3) 그녀는 사무실에 있나요?
   예, 그래요.
4) 당신은 어떻게 지내세요?
   고맙습니다, 잘 지냅니다.

연습문제 4-4

1) bilar   studenter
   pojkar   dagar
   skolor   svenskar
   hus   danskar
2) en skandinav japanska
   en korean   danska
   en brevvän   en norrman
   en norska   koreanska

연습문제 5-4

1) Du tackar alltid./ Du säger alltid tack.
2) Han säger sällan tack.
3) Vill du ha sällskap med mig?
4) De tackar så mycket för present.

연습문제 6-4

1) skolan   mjölken
   studenten   namnet
   barnet   hunden
   morgonen   pojken
   presenten   katten
2) dagarna   kakorna
   rummen   lamporna
   bilarna   höstarna
   lägenheterna måndagarna
   systrarna   breven

연습문제 7-4

1) tjugosex   sextiosju
                    nittonhundra åttioett
   nittioåtta   sjuttiotvå
                    tvåtusentolv
   trettioett   åttiofem
   fyrtiotre nittionio två miljoner sexhundratusen
   femtiofyra   ett hundra sextiofem
2) ett glas mjölk
   en kopp te
   två glas vatten
   tre äpplen
   ett hus

연습문제 8-4

1) (1) Vad är klockan nu?
   (2) När börjar koncerten?
   (3) Det börjar klockan sju på kvällen.
   (4) Ska vi träffas i morgon halv sex?
   (5) Vi ses igen nästa vecka.
2) (~an -or)   (~en -ar)   (~et ~)
   (~met ~)   (~en ~ar)   (~en ~ar)
   (~en ~ar)   (~t ~n)   (-an -or)

연습문제 9-4

1) (1) (någon) (2) (något)
   (3) (några) (4) (några)
2) (1) Finns det någon mat?
   (2) Det finns några bananer.
   (3) Jag vill ha några pennor.
   (4) Finns det något fönster i rummet?

연습문제 10-4

1) (det)   (det)
   (den)   (den)
   (det)
   (det)
   (det)
2) (1) Det blåser mycket idag.
   (2) Det är roligt att titta på fotboll.
   (3) Var ligger skolan?
   (4) Den ligger brevid kyrkan.

연습문제 11-4

1) talar   öppnar
   har   hälsar
   stänger   syr
   kommer   läser
   skriver   säger
2) öppnade   sydde
   stängde   kom
   skrev   läste
3) har träffat   har bott
   har åkt   har druckit
   har studerat har sprungit

연습문제 12-4

1) hennes vårt ert hans deras
2) stor   stort   stora
   dyr   dyrt   dyra
   ny   nytt   nya
3) som vilken som vilken som

연습문제 13-4

1) Klockan är kvart över tio.
2) Klockan är kvart i tre.
3) Jag stiger upp precis klockan sju.
4) Det börjar klockan halv nio.
5) Vi brukar äta vid sex tiden.

연습문제 14-4

1) den bruna   2) den dyra
   det bruna   det dyra
   de   bruna   de   dyra

연습문제 15-4

1) 1) i 5) till
   2) på 6) i
   3) i 7) till
   4) i 8) på
2) 1) Han arbetar från morgonen till kvällen.
   2) Jag stiger upp tidigt på morgonen.
   3) Vi köpte tre äpplen i affären.
   4) Min mamma arbetar på en fabrik.
   5) Vi reser till England i påsk.

연습문제 16-4

1) Jag har talat svenska.
   Du har köpt en lampa.
   Han har läst en bok.
   Vädret har varit fint.
   De har sprungit till järnvägsstationen.
2) det är hon
   det är jag inte
   det är vi inte
   det har jag

연습문제 17-4

1) billigare dyrare yngre äldre bättre
   sämre större mindre högre lägre
2) dyrast dyraste störst största,
   djupast djupaste, äldst äldsta,
   bäst, bästa

연습문제 18-4

1) sin sina 2) hans sin
3) hans deras sin 4) hennes sina

연습문제 19-4

1. 1) dig 2) sig 3) sig 4) er 5) mig
2. 1) du 2) du dig 3) du dig 4) du dig du dig
3. 1) Tala med läraren!
   2) Lyft luren!
   3) Spring och svara!
   4) Be att få ringa klockan 6!
   5) Förlåt mig!
   6) Var tyst idag!

연습문제 20-4

1. 1) De kom till Seoul i våras.
   2) Börjar ditt barn skolan i höst?
   3) Vi måste resa bort i morgonbitti.
   4) Vart åker de hela dagen?
   5) Han kommer fram till mig och sitter brevid mig.
2. 1) hem 2) vart 3) dit 4) här 5) ut

연습문제 21-4

1) bakad bakat
2) stängd stängt
3) köpt köpta
4) klätt klädd
5) tagit tagen

연습문제 22-4

1. när varför var hur
2. 1) Vart går ni?
   2) Jag går dit.
   3) Var ligger paraplyet?
   4) Det ligger här.
   5) Vi var där i går på eftermiddagen.

연습문제 23-4

1. 1) Priserna höjs efter nyår.
   2) Hyran måste betalas idag.
   3) Lägenheten har reparerats.
   4) Lamporna släcktes.
   5) Han stoppades av polisen.
2. 1) Biblioteket öppnas kl. nio.
   2) Den här boken läses av alla.
   3) Trappan blev städad av henne i morse.
   4) Han blev presenterad för en dam av mig.
3. 1) Min son kan läsa och skriva.
   2) Jag skulle vilja träffa dig i morgon.
   3) Annas man måste diska varje dag.
   4) Får jag röka här?
   5) Jag vill läsa svenska nästa år.

연습문제 24-4

1. 1) eller 2) men 3) för 4) när/då 5) innan
2. 1) Vi åker till Busan tidigt i morgon.
   2) Ska du gå till kontoret i kväll?
   3) Bönderna hoppas att det ska bli mycket regn på våren.
   4) Han slutade sitt arbete i höstas.
   5) Fåglarna sjunger på morgonen.

연습문제 25-4

1. 1) Snart måste jag sova.
   2) I rummet finns det en säng.
   3) Nästa år ska min son åka till Sverige.
   4) Buss nummer 230 kan ni ta.
   5) Om det är vackert väder, går jag hem.
2. 1) Det började att regna men slutade snart.
   2) Han tycker inte om att läsa dag och natt.
   3) Går det att växla en hundra lapp?
   4) Jag steg upp tidigt för att åka till arbetet.

연습문제 26-4

1. 1)då 2)så 3)ofta 4)alltså
2. 1) ... som jag inte tycker om.
   2) Jag tror inte att ...
   3) ... att hon sällan spelar tennis.
   4) ... att han ofta kommer hit.

연습문제 27-4

1. 1) om att
   2) för att
   3) över att
   4) på att
   5) över att
2. ett industriland, en landsväg, ett arbetsrum ett varuhus, en sagobok

연습문제 28-4

1. 1) salt   2) salt, potatis   3) syra grava
   4) att bränna brännvin   5) surströmming
2. bakande åkande seende syende sittande kläende döende sjungande
3. 1) Bordet är gjort av trä.
   2) Jag har målat tavlan för dig.
   3) Vi skulle vilja gå på teatern med dig.
   4) De reser till Paris om två veckor.
   5) Jansson har mycket pengar på banken.
   6) Riksdagshuset ligger här till vänster.

2. 스웨덴어–한국어 일상생활 어휘

2.1 숫자(Tal)

grundtal 기수	ordningstal 서수	
noll 영, 0		
ett(en) 1	första, förste	첫 번째 (제1)
två 2	andra, andre	두 번째 (제2)
tre 3	tredje	세 번째 (제3)
fyra 4	fjärde[홰ㄹ데]	네 번째 (제4)
fem 5	femte	다섯 번째 (제5)
sex 6	sjätte[셰떼]	여섯 번째 (제6)
sju[슈-] 7	sjunde[슌데]	일곱 번째 (제7)
åtta[오따] 8	åttonde	여덟 번째 (제8)
nio[니오/니에] 9	nione	아홉 번째 (제9)
tio[티오/티에] 10	tionde	열 번째 (제10)
elva 11	elfte	열한 번째 (제11)
tolv 12	tolfte	열두 번째 (제12)
tretton 13	trettonde	열세 번째 (제13)
fjorton 14	fjortonde	열네 번째 (제14)
femton 15	femtonde	열다섯 번째 (제15)
sexton 16	sextonde	열여섯 번째 (제16)
sjutton[슈똔] 17	sjuttonde	열일곱 번째 (제 17)
arton 18	artonde	열여덟 번째 (제18)
nitton 19	nittonde	열아홉 번째 (제19)
tjugo[슈고] 20	tjugonde	스무 번째 (제 20)
tjugoen, tjugoett 21	tjugoförsta(e)	스물한 번째 (제21)
tjugotvå 22	tjugoandra(e)	스물두 번째 (제22)
trettio[트레티(오)] 30	trettionde	서른 번째 (제30)
fyrtio[훠ㄹ띠(오)] 40	fyrtionde	마흔 번째 (제40)
femtio 50	femtionde	쉰 번째 (제50)
sextio 60	sextionde	예순 번째 (제60)
sjuttio 70	sjuttionde	일흔 번째 (제70)
åttio 80	åttionde	여든 번째 (제80)
nittio 90	nittonde	아흔 번째 (제90)
(ett) hundra 100	hundrade	일백 번째
(ett) tusen 1000	(ett) tusende	일천 번째

tvåtusen	2.000 (2천)
tiotusen	10.000 (1만)
en miljon	일백만
dubbelt	2배
tredubbelt	3배
halv	반 (1/2)
en tredjedel	1/3 (3분의 1)
en kvart (en fjärdedel)	1/4 (4분의 1)
två tredjedelar	2/3 (3분의 2)
en gång/två gånger/tre gånger	한 번/ 두 번/ 세 번

2.2 시간, 때 (klockan / tid)

Vad är klockan?	몇 시입니까?
Klockan är ett[nio].	1시[9시]입니다.
kvart över tre	3시 15분
kvart i tre	3시 15분 전
Den är halv tio.	9시 반입니다.
Den är tjugo över fem.	5시 20분입니다.
Den är tio i två.	2시 10분 전입니다.
en timme/två timmar	1시간 / 2시간
en halvtimme	30분(반시간)
tio minuter	10분
fem sekunder	5초

morgon / kväll / natt	**아침 / 저녁 / 밤**
i dag (idag)	오늘
i morse / i går morse	오늘 아침 / 어제 아침
på morgonen[포 모로넨]	아침에
på middagen	정오에
på förmiddagen	오전에
på eftermiddagen	오후에
på kvällen / på natten	저녁에 / 밤에
i går	어제
i går kväll	어젯밤
i förrgår	그저께
i morgon	내일
i morgon bitti	내일 아침
i övermorgon	모레

vecka / månad / år	주 / 월 / 년
den här veckan	이번 주일
förra veckan[månaden, året]	지난 주[달, 해]
nästa vecka[månad, år]	다음주[달, 해]
den här månaden	이번 달
det här året	올해
för en månad[vecka] sedan	한 달[일주일] 전에
varje dag / dagligen	매일
varje vecka	매주
Vi har varit här sedan i söndags.	우리는 지난 일요일 이후 여기에 머물고 있다.
Vi har varit här i fem dagar.	우리는 여기에 5일간 있었다.

2.3 요일, 월, 계절(veckodagar / månader / årstid)
(* 요일, 월명은 대문자로 쓰지 않는다)

Veckodagar	**(요일)**
söndag	일요일
måndag / tisdag	월요일 / 화요일
onsdag / torsdag	수요일 / 목요일
fredag / lördag	금요일 / 토요일
veckodag / veckohelg	평일 / 주말

Månader	**(월)**
januari / februari	1월 / 2월
mars / april	3월 / 4월
maj / juni	5월 / 6월
juli / augusti	7월 / 8월
september / oktober	9월 / 10월
november / december	11월 / 12월

Årstid	**(계절)**
vår / sommar	봄 / 여름
höst / vinter	가을 / 겨울
helgdag / semester	공휴일 / 휴가
jul / påsk	성탄 / 부활절
pingst / Kristi himmelsfärdsdag	성신강림절 / 예수승천일

2.4 가족 / 친족 (Familj)

man / fru[hustru]	남편 / 아내
son / dotter	아들 / 딸
far / mor	아버지 / 어머니
föräldrar / barn	부모 / 자식(아이)
farfar / farmor	할아버지 / 할머니
morfar / mormor	외할아버지 / 외할머니
bröder / systrar	형제 / 자매
brorson / brorsdotter	조카 / 조카딸(남자 형제계열)
syskon	형제자매
svåger / svågerska	매부(형부) / 올케(시누)
farbror / faster	숙부(삼촌) / 숙모(고모)
morbror / moster	외삼촌 / 이모
kusin	사촌
pojke / flicka	소년(사내아이) / 소녀(여자아이)
pojkvän / flickvän	남자친구 / 여자친구
fästman / fästmö	약혼남자 / 약혼여자

2.5 국명, 국적(형용사)

(＊국명만 대문자로 쓰고 형용사, 국민, 언어는 소문자로 쓴다. 국적(형용사)은 **koreansk** 가 '한국인, 한국의' 두 가지로 쓰임을 뜻한다.)

Sverige / svensk	스웨덴 / 스웨덴의
Danmark / dansk	덴마크 / 덴마크의
Norge[노르예] / norsk	노르웨이 / 노르웨이의
Finland / finsk	핀란드 / 핀란드의
Island / isländsk	아이슬란드 / 아이슬란드의
Amerika / amerikansk	미국(USA) / 미국의
Kanada / kanadensisk	캐나다 / 캐나다의
England / engelsk	영국 / 영국의
Irland / irländsk	아일랜드 / 아일랜드의
Australien / australiensk	오스트레일리아 / 오스트레일리아의
Tyskland / tysk	독일 / 독일의
Frankrike / fransk	프랑스 / 프랑스의
Holland / holländsk	네덜란드 / 네덜란드의
Italien / italiensk	이탈리아 / 이탈리아의
Schweiz / schweizisk	스위스 / 스위스의

Österrike / österrikisk	오스트리아 / 오스트리아의
Spanien / spansk	스페인 / 스페인의
Portugal / portugisisk	포르투갈 / 포르투갈의
Grekland / grekisk	그리스 / 그리스의
Ryssland / rysk	러시아 / 러시아의
Polen / polsk	폴란드 / 폴란드의
Ungern / ungersk	헝가리 / 헝가리의
Korea / koreansk	한국 / 한국의
Sydkorea / Nordkorea	남한 / 북한
Kina / kinesisk	중국 / 중국의
J´apan / japansk	일본 / 일본의
Indien / indisk	인도 / 인도의

2.6 국민, 언어

남자 / 여자, 언어

svensk / svenska	스웨덴 남자 / 스웨덴 여자, 스웨덴 어
dansk / danska	덴마크 남자 / 덴마크 여자, 덴마크어 어
norrman / norska	노르웨이 남자 / 노르웨이 여자, 노르웨이 어
finne / finska	핀란드 남자 / 핀란드 여자, 핀란드 어
islänning / isländska	아이슬란드 남자 / 아이슬란드 여자, 아이슬란드 어
amerikan / amerikanska	미국 남자 / 미국여자
kanadensare / kanadensiska	캐나다 남자 / 캐나다 여자
engelsman / engelska	영국 남자 / 영국 여자, 영어
irländare / irländska	아일랜드 남자 / 아일랜드 여자, 아일랜드 어
australier / australiska	오스트렐리아 남자 / 오스트렐리아 여자
tysk / tyska	독일 남자 / 독일여자, 독일 어
fransman / fransyska / franska	프랑스 남자 / 프랑스 여자 / 프랑스 어
holländare / holländska	네델란드 남자 / 네델란드 여자, 네델란드 어
italienare / italienska	이탈리아 남자 / 이탈리아 여자, 이탈리아 어
schweizare / schweiziska	스위스 남자 / 스위스 여자
österrikare / österrikiska	오스트리아 남자 / 오스트리아 여자
spanjor / spanska	스페인 남자 / 스페인 여자, 스페인 어
portugis / portugisiska	포르투갈 남자 / 포루투갈 여자, 포르투갈 어
grek / grekiska	그리스 남자 / 그리스 여자, 그리스 어
ryss / ryska	러시아 남자 / 러시아 여자, 러시아 어
polack / polska	폴란드 남자 / 폴란드 여자, 폴란드 어
ungrare[웅으라레] / ungerska	헝가리 남자 / 헝가리 여자, 헝가리 어
korean / koreanska	한국 남자 / 한국 여자, 한국 어

kines[시네스] / kinesiska   중국 남자 / 중국 여자, 중국 어
jap´an / japanska   일본 남자 / 일본 여자, 일본 어
indier / indiska   인도 남자 / 인도 여자, 인도 어

2.7 백화점, 공공시설에서

Öppet	개점(열음)
Stängt	폐점(닫음)
Toalett/W.C.	화장실
Damer	여성용
Herrar	남성용
Ledigt	비어있음
Upptaget	사용 중
Drag	당기시오
Skjut	미시오
Ingång	입구
Utgång	출구
Nödutgång	비상출구
Övergång	갈아타기
Information/ Upplysning	안내
Driksvatten	음료수
Pensionat	펜션(소규모 호텔형 민박집)
Helpension	1일 3식 숙박
Halvpension	1일 2식 숙박

2.8 표지판(주의, 경고)

Varning	주의
Berör ej	손대지 마시오
Inträde förbjudet	입장금지
Enskilt område	개인 사유지
Ur funktion	고장
Uthyrning	렌트(대여)
Till salu	판매용
Rökning förbjuden	금연구역
Rökning tillåten	흡연구역
Simning förbjuden	수영금지
Parkering förbjuden	주차금지

Parkeringsplats	주차장
Tillträde förbjudet	출입금지
Fotografering förbjuden	촬영금지
Fritt inträde	무료입장
Stopp	정지
Ej genomgång	통과금지
Fara	위험
Sakta	천천히
Trottoar	보도(행인)
Svenska ambassaden	스웨덴 대사관
Stockholms Central	스톡홀름 중앙역
Brandkår	소방서
Polisstation	경찰서

2.9 신체 부위

huvud	머리
ansikte	얼굴
panna	이마
ögon	눈
näsa	코
mun	입
öron	귀
läppar	입술
tunga	혀
tänder	이
haka	턱
kinder[신데르]	볼/뺨
hand	손
finger	손가락
handled	손목
arm	팔
ben	다리
knä	무릎
lår	넓적다리
vad	장딴지
fot	발
tå	발가락
häl	발뒤꿈치

vrist	발목/복사뼈
kropp	몸/신체
axel	어깨
hals	목
nacke	뒷목
bröst	가슴/유방
rygg	등
stjärt[섀르트]	엉덩이
ben	뼈
hud	피부
mage	배
nerv	신경
lever	간
njure[뉴-레]	신장
lunga	폐
hjärta[얘르따]	심장

2.10 색깔

vit	하얀
svart	검은
blå	파란
grön	초록의
brun	갈색의
grå	회색의
gul	노란
orange[오랑슈]	오렌지색의
skär[섀-르]/ljusblå	분홍색의
purpur	자주색의
lila	보라색의
röd	붉은색의
beige[베-쉬/배-쉬]	베이지색의

2.11 과일 / 야채

päron	배
äpple	사과
apelsin	오렌지

banan	바나나
ananas	파인애플
persika	복숭아
persimon	감
vindruva	포도
jordgubbe	딸기
vattenmelon	수박
plommon	서양자두
melon	참외, 멜론
citron	레몬
valnöt	호두
kastanj	밤
vitkål	양배추
kinakål[시-나콜]	잎이 긴 배추
avlånga rädisa	무
purjolök	파
gul lök	양파
spenat	시금치
vitlök	마늘
morot	당근
pumpa	호박
rödpeppar	고추
potatis	감자
gurka	오이
paprika	피망(스페인 산)
tomat	토마토
svamp	버섯

2.12 식당에서

meny	차림표
tallrik	접시
sked	수저
kniv	나이프
gaffel	포크
tesked	티스푼
glas	유리잔
bröd	빵
knäckebröd	딱딱하고 얇은 빵

limpa	식빵
långfranska	길쭉한 프랑스 빵
smör	버터
margarʹin	마가린
ost	치즈
smörgås [스머르고스]	샌드위치
smörgåsbord [스머르고스부ㄹ드]	뷔페요리(스칸디나비아)
lammkött [람셔트]	양고기
oxkött [옥스셔트]	소고기
kalvkött [칼브셔트]	송아지 고기
kykling [쉬클링]	닭고기
fisk	생선
skinka	돼지 허벅다리 살, 햄
förrätt	전채요리
efterrätt	후식, 디저트
soppa	수프
sallad	샐러드
marmelad	잼
salt	소금
senap	겨자
peppar	후추 가루
sås	소스
socker	설탕
matolja	식용기름
ättika	식초
vatten	물
mjölk	우유
vin	포도주
öl	맥주
brännvin	독주(스웨덴)
kaffe	커피
te	차
fruktjuice	과일 쥬스
askopp/askfat	재털이
servʹett	냅킨
tandpetare	이쑤시개
nota	계산서
dricks	팁

2.13 가재도구(Möbler, verktyg)

soffa	소파, 긴 안락의자
fåtölj	안락의자(1인용)
matta	양탄자, 융단
bord	탁자, 책상
stol	의자, 걸상
bokhylla	책장
byrå	서랍 달린 장롱
skåp	찬장, 옷장
säng	침대
madrass	(침대용) 매트리스
rullgardin	차양, 말아 올리는 커튼
dammsugare	진공청소기
tvättmaskin	세탁기
kylskåp[쉴스콥]	냉장고
frysbox	냉동기(실)
låda	큰 상자, 서랍
papperskorg	쓰레기통(휴지 버리는)
pall	간이의자, 발판
skrivbord	책상
telefon	전화
spegel	거울
hammare	망치
såg	톱
yxa	도끼
kniv	칼
tång	집게
skiftnyckel	멍키 스패너
skruvmejsel	나사돌리개, 드라이버
sandpapper	사포, 샌드페이퍼
pensel	붓, 화필
hyvel	대패
skruv	나사, 나사못
spik	못
cykel	자전거
moped	모터 달린 자전거
bil	자동차
däck	타이어

3. 참고서적

Hansson Kerstin & Ulla Wallin. Övningskompendium i svenska del 3. Lund: Kursverksamhetens förlag, 1979.

Hedelin Per. Nordstedts svenska uttalslexikon. Stockholm: Nordstedts, 1997.

Hellström Gunnar. Grammatikövningar med regler och kommentar. Stockholm: A&W, 1991.

Henriksson Karin et al. Svensk kurs. London: The Linguaphone Institute Ltd. 1981.

Hildeman N.-G. & A.-M. Beite (ed.). Learn Swedish: Swedish Reader for Beginners. Stockholm: Almqvist & Wiksell, 1973.

Holmes Philip & Gunila Serlin. Colloquial Swedish: The Complete Course for Beginners. 2nd ed. London & New York: Routledge, 1996.

Manne Gerd & Doris Lundh. Vägen till Sverige, Textbok B. Malmö: Gleerups, 1995.

Mathlein Marianne & N.-W. Pettersson. Svenska först, texter och övningar. Stockholms universitet, IES - Svenska som främmande språk. 1987.

Nyborg R. & N.-W. Pettersson. Svenska utifrån: Lärobok i svenska. Stockholm: Svenska Institutet, 1991.

Svenska ord med uttal och förklaringar : språklexikon för invandrare. Stockholm : Skolöverstyrelsen, 1984.

김상열, 변광수. 스웨덴어-한국어 사전. 개정판. 서울: 한국외국어대 출판부, 2009.

변광수. 종합스웨덴어. 서울: 문예림. 2007.

변광수. 여행필수 스웨덴어 회화. 서울: 문예림, 2010.

변광수(감수). 알기 쉬운 스웨덴어 입문. 서울: 명지출판. 1994.

4. 문법사항 찾아보기

ㄱ

강조구문	117, 167
과거분사	123
관계대명사 som, vilken	77
관계부사 där	124, 141
계절명칭 i höstas	117

ㄷ

단어배열 순서(어순)	147
대답형식(긍정 / 부정) ja, jo	117
대동사 göra	34
동사의 어미표기	15-16
동사의 용법	70-71
현재, 과거, 미래 / 현재완료, 과거완료	
동사변화 유형	69
동사변화표	69
동사+부사+전치사	59, 148
동사 tycker 와 tänker	154
동작부사	116
뒤바뀐 어순(도치)	147

ㅁ

명령문	32
명령법	110
명사변화표	44
명사의 복수형	33
명사의 성	32-33
정형명사	43
명사의 소유격	69
명사어미 표기	15
명사의 어말모음 탈락	33
명사의 정형 / 부정형	43
문장구조	32
목적어(절) +주절	118
물질명사 분량표시	50
M,N의 철자법	44

ㅂ

바른 어순(정치)	147

복합수동형	123, 134
복합명사	160
부사 nog, väl, ju	116
부사 så	105
alltså	153
därför / därför att	153
부정대명사 man	39
부정관사 en / ett	43
부정법 att …	64, 87, 134
för att +절	160
부정사 ingen / inget	69
부정사 inte 의 위치	87
부정형 명사	43, 167
부정형 단수 / 복수	43-44
비인칭주어	63

ㅅ

상호동사	54, 134
서법(화법)조동사	99
성씨+s Anderssons	69
소유대명사(min, mitt, mina)	75
소유대명사 변화표	75
소유형용사	75
수동형(복합수동, S-수동)	134
시계보기	54, 81-83
실제주어	44

ㅇ

어말관사	32-33
어말모음 탈락(명사)	33
어순	27, 147
완료분사	123-124
의문대명사 vad som	141
의문문	32
의문부사	128
이동부사 위치 inte, aldrig	153
이태동사	134
인사법	59
인칭대명사	19, 160
ja와 jo	117

ㅈ

장소부사 ut / ute	116

정지부사, 동작부사	
재귀동사	110-111
재귀대명사	110
재귀소유대명사(sin, sitt, sina)	105
전치사 av	167
för	39
i	91
om	95
på	34, 59, 91
till	91, 167
vid	110
전치사구 i morse	117, 140, 148
접속사 att …, så …	105, 148
등위접속사, 종속접속사	140, 153
정지부사	116
정형 단수 복수	44
준조동사	106
중성명사	33
지시대명사(den, det, de)	23, 27, 63, 95
denna, detta, dessa	154

ㅊ

차등비교	100

ㅌ

통성명사	33

ㅍ

편지서식	135
평서문	32

ㅎ

합성어(복합명사)	160
현재분사	166
현재완료	71, 95
형식주어 det	44, 59
형용사 어미변화(-t, -a)	76-77
정형어미, 예외적 어미변화, 무변화 형용사	
형용사 어미표기	16
형용사의 명사화	141-142
형용사의 부사화	128
형용사의 비교급, 최상급	99-100
형용사의 최상급 어미	160-161

5. 강변화동사 및 불규칙동사 표

부정사	현재	과거	완료분사	과거분사
be(bedja) (기원하다, 요청하다)	ber(beder)	bad	bett	-bedd
binda (잡아매다)	binder	band	bundit	bunden
bita (물다)	biter	bet	bitit	biten
bjuda (초대하다, 제공하다)	bjuder	bjöd	bjudit	bjuden
bli (bliva)(~로 되다)	blir	blev	blivit	bliven
bringa (가져오다)	bringer	bragte	bragt	bragd
brinna (불타다)	brinner	brann	brunnit	brunnen
brista (터지다)	brister	brast	brustit	brusten
bryta (깨지다)	bryter	bröt	brutit	bruten
bära (운반하다)	bär	bar	burit	buren
dra (draga)(끌다)	drar	drog	dragit	dragen
dricka (마시다)	dricker	drack	druckit	drucken
driva (몰아치다)	driver	drev	drivit	driven
duga (알맞다)	duger	dugde(dög)	dugt	—
dö (죽다)	dör	dog	dött	—
dölja (숨기다)	döljer	dolde	dolt	dold
falla (떨어지다)	faller	föll	fallit	fallen
fara (타고가다)	far	for	farit	faren
finna (발견하다)	finner	fann	funnit	funnen
flyga (날아가다)	flyger	flög	flugit	flugen
flyta (뜨다)	flyter	flöt	flutit	fluten
frysa (추워떨다)	fryser	frös	frusit	frusen
få (얻다, ~해도 좋다)	får	fick	fått	—
försvinna (사라지다)	försvinner	försvann	försvunnit	försvunnen
gala (닭이 울다)	gal	gol	galit	—
ge (giva) (주다)	ger	gav	gett(givit)	given
gjuta (주조하다)	gjuter	göt	gjutit	gjuten
glida (미끄러지다)	glider	gled	glidit	gliden

부정사	현재	과거	완료분사	과거분사
gnida (문지르다)	gnider	gned	gnidit	gniden
gripa (꽉쥐다)	griper	grep	gripit	gripen
gråta (울다)	gråter	grät	grått	(be)gråten
gå (가다, 걷다)	går	gick	gått	gången
göra (하다)	gör	gjorde	gjort	gjord
ha[va] (가지다)	har	hade	haft	-havd
heta (~라 불리다)	heter	hette	hetat	—
hinna (~할 시간이 있다)	hinner	hann	hunnit	hunnen
hugga (도끼로 찍다)	hugger	högg	huggit	huggen
hålla (유지하다)	håller	höll	hållit	hållen
kliva (활보하다)	kliver	klev	klivit	-kliven
klyva (쪼개다)	klyver	klöv	kluvit	kluven
knipa (꼬집다)	kniper	knep	knipit	knipen
knyta (잡아매다)	knyter	knöt	knutit	knuten
komma (오다)	kommer	kom	kommit	kommen
krypa (기어가다)	kryper	kröp	krupit	krupen
kunna (~할 수 있다)	kan	kunde	kunnat	—
le (미소짓다)	ler	log	lett	—
leva (살다)	lever	levde	lev[a]t	-lev[a]d
lida (괴로워하다)	lider	led	lidit	liden
ligga (눕다)	ligger	låg	legat	-legad
ljuda (소리가 나다)	ljuder	ljöd	ljudit	—
ljuga (거짓말하다)	ljuger	ljög	ljugit	ljugen
lyda(~라고 쓰여있다, 복종하다)	lyder	lydde, löd	lytt	-lydd
låta (소리나다, ~하게하다)	låter	lät	låtit	låten
lägga (놓다)	lägger	lade	lagt	lagd
— (~해야한다)	måste	måste	måst	—
niga (무릎을 굽혀 인사하다)	niger	neg	nigit	—
njuta (즐기다)	njuter	njöt	njutit	njuten
nypa (꼬집다)	nyper	nöp	nupit	nupen
nysa (재채기하다)	nyser	nös	nyst	—
pipa (피리를 불다)	piper	pep	pipit	—
rida (말타다)	rider	red	ridit	riden
rinna (흐르다)	rinner	rann	runnit	runnen

부정사	현재	과거	완료분사	과거분사
riva (찢다)	river	rev	rivit	riven
ryta (으르렁거리다)	ryter	röt	rutit	—
se (보다)	ser	såg	sett	sedd
sitta (앉다)	sitter	satt	suttit	-sutten
sjuda (끓어 오르다)	sjuder	sjöd	sjudit	—
sjunga (노래하다)	sjunger	sjöng	sjungit	sjungen
sjunka (가라앉다, 빠지다)	sjunker	sjönk	sjunkit	sjunken
skina (비치다)	skiner	sken	skinit	—
skjuta (쏘다)	skjuter	sköt	skjutit	skjuten
skola (~할 것이다)	ska[ll]	skulle	skolat	—
skrida (전진하다)	skrider	skred	skridit	-skriden
skrika (소리치다)	skriker	skrek	skrikit	-skriken
skriva (글쓰다)	skriver	skrev	skrivit	skriven
skryta (뽐내다)	skryter	skröt	skrutit	-skruten
skära (자르다)	skär	skar	skurit	skuren
slippa (~을 면하다)	slipper	slapp	sluppit	-sluppen
slita (닳아 없어지다)	sliter	slet	slitit	sliten
sluta (결말짓다)	sluter	slöt	slutit	sluten
smita (빠져 달아나다)	smiter	smet	smitit	—
slå (치다, 때리다)	slår	slog	slagit	slagen
slåss (싸우다)	slåss	slogs	slagits	—
smyga (몰래 들어가다)	smyger	smög	smugit	smugen
smälta (녹다)	smälter	smalt	smultit	smulten
smörja (기름치다)	smörjer	smorde	smort	smord
snyta (코풀다)	snyter	snöt	snutit	snuten
sova (자다)	sover	sov	sovit	—
spinna (실잣다)	spinner	spann	spunnit	spunnen
spricka (터지다)	spricker	sprack	spruckit	sprucken
sprida (퍼지다)	sprider	spred(spridde)	spritt	spridd
springa (뛰다)	springer	sprang	sprungit	sprungen
spörja (질문하다)	spörjer	sporde	sport	spord
sticka (찌르다)	sticker	stack	stuckit	stucken
stiga (솟아오르다)	stiger	steg	stigit	-stigen
stinga (찌르다)	stinger	stack	stungit	stungen
stjäla (훔치다)	stjäl	stal	stulit	stulen

부정사	현재	과거	완료분사	과거분사
strida (싸우다)	strider	stred	stridit	
stryka (다림질하다)	stryker	strök	strukit	struken
stå (서있다)	står	stod	stått	-stådd
stödja (지지하다)	stöder	stödde	stött	stödd
suga (빨아들이다)	suger	sög	sugit	sugen
supa (술마시다)	super	söp	supit	-supen
svida (쓰리다(아픔))	svider	sved	svidit	—
svika (배신하다)	sviker	svek	svikit	sviken
svälta (굶주리다)	svälter	svalt	svultit	svulten
svär[j]a (맹서하다)	svär[jer]	svor	svurit	svuren
säga (말하다)	säger	sade	sagt	sagd
sälja (팔다)	säljer	sålde	sålt	såld
sätta (놓다, 두다)	sätter	satte	satt	satt
ta[ga] (취하다)	ta[ge]r	tog	tagit	tagen
tiga (침묵하다)	tiger	teg	tigit(tegat)	-tegen
tjuta (울부짖다)	tjuter	tjöt	tjutit	—
tvinga (강제하다)	tvingar	tvingade (tvang)	tvingat (tvungit)	tvingad (tvungen)
[töras] (감히~하다)	törs	tordes	torts	—
vara (~이다, 있다)	är	var	varit	—
veta (알다)	vet	visste	vetat	—
vika (접다)	viker	vek	vikit	viken(vikt)
vilja (~하기 원하다)	vill	ville	velat	—
vina (윙소리가 나다)	viner	ven	vinit	—
vinna (이기다)	vinner	vann	vunnit	vunnen
vrida (비틀다)	vrider	vred	vridit	vriden
välja (선택하다)	väljer	valde	valt	vald
vänja (익숙해지다)	vänjer	vande	vant	vand
växa (성장하다)	växer	växte	vuxit	vuxen
äta (먹다)	äter	åt	ätit	äten

6. 단어집

A

adjö[aj´ø/adj´ø]	안녕히(good-by)
adoptera ~r ~de ~t	입양하다
adventsstjärn/a -an -or	강림절 별 모양 등불
adventstid ~en 0	강림절 기간
aff´är ~en ~er	상점, 가게
Aftonbladet	아프톤블라뎃(스톡홀름의 석간신문)
aktiv	적극적, 활동적인
alldeles	아주, 대단히
allemansrätt ~en 0	자연접근권리
allra	(강조부사) 아주, 가장
allra minst	적어도, 최소한
alltid	항상, 언제나
allting ~et ~	모든 것
alltså	그러면, 즉, 말하자면
amerik´ansk	미국의
andra	두 번째, 제2의
ankomst ~en ~er	도착
anledning ~en ~ar	이유, 원인; med ~ av… 때문에, … 연유로
Anna	여자 이름
Anna-Lena	이중 여성이름
andra ☞ annan	
annan (annat, andra)	다른, 다른 것들
annandag ~en ~ar, ~ jul	크리스마스 다음날;
~ påsk	부활주일 다음날 월요일
annars	그렇지 않으면, 그 밖에
anställd	고용된; deras anställda 그들의 피고용인들; 사원
använda (använder andvände använt)	사용하다, 이용하다
apot´ek ~et ~	약국
apotekare ~n ~	약사
appar´at ~en ~er	기기, 기자재
arbeta ~r ~de ~t	일하다, 노동하다
arbete ~t ~n	일, 직장
arbetsdag ~en ~ar	일일 작업시간
asiát ~en ~er	아시아 사람
ask ~en ~ar	갑, 상자

aspir´in ~et 0	(약) 아스피린
aug´usti (불변화 en-명사)	8월

B

bada ~r ~de ~t	수영하다, 목욕하다
badrum ~met ~	욕실
bara	단지, 다만
barn ~et ~	아이
be ~r bad bett	요청하다; be om …을 요청하다
behöv/a -er -de -t	필요하다
bekant	알고 있는, 아는
bekvämlighet ~en ~er	편의(시설)
ben ~et ~	다리, 뼈(사람, 동물)
berätta ~r ~de ~t	…에 대해 말하다, 이야기하다
beställ/a -er -de -t	(시간) 예약하다
bestäm/ma -mer -de -t	결정하다: 결심하다
besök/a -er -te -t	방문하다
betala ~r ~de ~t	값을 치르다, 지불하다
betyda (betyder betydde betytt)	의미하다
bibliotek ~et ~	도서관
biff ~en ~ar	비프, 두껍게 저민 쇠고기 점
bil ~en ~ar	자동차
biljett ~en ~er	승차표
bli (blir blev blivit)	…가 되다
blomm/a -an -or	꽃
blond	금발의
blå, blått, blå(a)	푸른
blås/a -er -te -t	바람이 불다
bok ~en böcker	책
bokhyll/a -an -or	책장
bor, bo의 현재형,	'살다'(bo bor bodde bott)
bord ~et ~	책상, 식탁
bra	좋은
brevid	곁에, 옆에
brevvän ~nen ~ner	펜팔, 편지친구
brevväxla ~r ~de ~t	서신교환 하다
bro ~n ~ar	다리, 교량
bruka ~r ~de ~t	…하곤 하다
bry ~r ~dde ~tt, ~ sig om	…에 마음을 쓰다
brygg/a -an -or	다리, 떠있는 선창

bråttom, ha bråttom	바쁘다, 급하다
bränn/a -er -de -t	(주류) 증류하여 만들다
brännvin ~et 0	독한 증류 술
bröd ~et ~	빵
brödkak/a -an -or	납작하고 둥근 빵
brödskiv/a -an -or	빵조각
bröllop ~et ~	결혼식, 혼례
busk/e -en -ar	수풀, 덤불
buss ~en ~ar	버스
byt/a -er -te -t	바꾸다, 갈아타다
båda	(대명사) 양쪽, 둘 다
både	(접속사) 둘 다; ~ han och hon 그와 그녀 모두
båt ~en ~ar	보트
bär ~et ~	딸기, 베리
bäst, bra(god)	'좋은'의 최상급
bättre, god/bra	'좋은'의 비교급
bättre än	… 보다 더 좋은
bönder, bonde	'농부'의 복수
börja ~r ~de ~t	시작하다

C

centr/um -et, ~/centra	중심, 중앙

D

dag ~en ~ar	날, 일, 하루
dagens	오늘날의
daghem ~met ~	탁아소
dam ~en ~er	부인, 여성
dansa ~r ~de ~t	댄스하다, 춤추다
dansk ~en ~ar	덴마크 인, 덴마크 남자
danska ~n 0	덴마크 어; ~n danskor 덴마크 여자
dator ~n ~er	컴퓨터
datum ~/~et, ~	날짜
David	남자 이름
de[dɔm]	그들은 (3인칭 복수 주격)
del ~en ~ar	부분, 몫;
en del	일부,
en stor del av	…의 상당부분
denna (detta dessa)	그것, 이것
deras	그들의

dessutom	그 밖에, 그 외로
det	그것(저 사람), 3인칭 대명사의 하나;
det går bra	좋습니다. 됩니다
detsamma	동일한 것, 같은 현상(med detsamma 바로, 즉시)
dialog ~en ~er	대화
dikt ~en ~er	시, 시작품
diska ~r ~de ~t	설거지하다, 씻다
diskussion[-ʃˊo:n] ~en ~er	토론
diskutera ~r ~de ~t	토론하다
ditt	너의(참조: 소유대명사 75)
dit	거기로;
djup	깊은
doppa ~r ~de ~t	(물에) 적시다, 담그다
dotter ~n döttrar	딸
dra upp	끌어 올리다 (drar, drog, dragit)
draperˊi ~et ~er	휘장, 발
dricka (dricker drack druckit)	마시다
duscha ~r ~de ~t	샤워를 하다
dvs, det vill säga	말하자면
dyr ~t ~a	비싼
då	그 때, 그러면; … 할 때에
dålig	나쁜 (sämre, sämst / värre, värst)
där	거기에(dit 거기로)
därför	그래서; därför att …이기 때문에
dörr ~en ~ar	문(방, 현관)

E

effektiv	효과적, 효율적
eftermiddag ~en ~ar	오후(på eftermiddagen 오후에)
egen[e:gen]	자기 자신의
eller	혹은, 또는
emellertid	그러나, 그렇지만
en/ett	(수사 / 부정관사) 하나;
enbart	단지, …만(뿐)
ensam	홀로, 외로이
etc. etcetera/et cetera의 준말;	기타, 등등(och så vidare)
ett par minuter	이삼 분
Eva	여자 이름
exam/en -en -ina	시험, 교육수료
exempel exemplet ~	~ 보기, 사례

exped´it ~en ~er	(상점) 점원

F

fabr´ik ~en ~er	공장
familj ~en ~er	가족
fast	(비록) …이긴 하지만
fem	다섯, 5
fest ~en ~er	잔치, 파티; till fest 잔치에
festmat ~en 0	잔치음식
fika ~r ~de ~t	커피 마시다
fin	좋은, 아름다운
finns ☞ finnas; det finns	…가 있다
finnas (finns fanns funnits)	있다, 존재하다
fira ~r ~de ~t	축하하다
flesta, de flesta	대다수의
fläskkotlett ~en ~er	돼지 갈비살
folk ~et ~	인민, 국민, 대중
folkmusik ~en 0	민속음악
fort	빨리; 곧
fortare	더 빨리 (fort의 비교급)
fortfarande	아직도, 여전히
fort/sätta -sätter -satte -satt	계속하다
fot ~en fötter	발(다리 아래 부분)
foto ~t ~n	사진
fotografera	사진 찍다
framför	… 앞에
framför allt	무엇보다도
fredag ~en ~ar	금요일
fridlyst	자연보호 구역의
fröken, fröknar	양, 아가씨(점원), 여선생(호칭)
fru ~n ~ar	부인, 아내(남편의 성씨 앞에 붙여; 영어 Mrs.)
frukost ~en ~ar	아침식사
fruktaffär ~en ~er	과일 가게
frysbox ~en ~ar	냉동기
från	…로부터, 에서
fulla	full '가득찬'의 복수형
fundera ~r ~de ~t	숙고하다, 곰곰이 생각하다
fyll/a -er -de -t	채우다
fyra	넷, 4
få (får fick fått)	얻다, 가지다; (조동사) …해도 좋다

fågel ~n fåglar	새, 조류
färdig	준비가 다 된, 끝난
färg[færj] ~en ~er	색깔, 물감
födelse ~n ~r	출생, 탄생
följ/a -er -de -t	따르다, 준수하다
fönster, fönstret ~	창문
för	(부사) 너무
för att	…하기 위하여
före	…전에, 앞에
föredrag ~et ~	강연, 강의
före/slå -slår -slog -slagit	제안하다, 내다
företag ~et ~	회사, 기업체
förklara ~r ~de ~t	설명하다
förkylning ~en ~ar	감기
förlåt	förlåta '용서하다'의 명령형 (för/låta -lät -låtit)
förort ~en ~er	교외, 근교
förpackning ~en ~ar	포장, 꾸러미
förr	(부) 전에는, 이전에
förra	(형) 지난, 이전의;
förra veckan	지난 주
förresten	그 밖에, 그 외로
förskräckligt	지독하게, 몹시
först	우선, 먼저
första klass	일등석
förstås	물론
försök/a -er -te -t	시도하다, 노력하다

G

Gamla Stan	스톡홀름의 왕궁 부근 옛 시가지
gammal ~t gamla	낡은, 오래된(äldre, äldst)
ganska	꽤, 아주, 어지간히
gardin ~en ~er	커텐
genast[jen-]	즉시, 곧 바로
gick ☞ gå	'가다'의 과거
gitarr [jitar] ~en ~er	기타
glid/a -er gled glidit	미끄러지다
goddag, god dag	안녕하세요(낮 인사)
God jul	'즐거운 성탄일'(영: Merry Christmas!)
godis ~et 0	아이들 과자류(사탕)
golv ~et ~	방바닥, 마루

grammafon ~en ~er	축음기
gratis	무료로, 공짜로
grava ~r ~de ~t	생선에 설탕, 소금, 후추가루, 향료 따위를 문질러 바르다
Greenpeace	그린피스(국제 자연보호단체)
grund ~en ~er	기초, 토대; på ~ av … 때문에
gryt/a -an -or	큰솥(냄비), 단지
gräs ~et ~	풀, 잔디
gå (går gick gått)	가다(☞ det går bra)
gå med	같이 가다
går in på	…로 들어가다
går ut i	…로 나가다
går över	넘어가다
gärna	기꺼이
gör[jœ:r]	göra '…하다'의 현재형 / 명령형 (göra, gör gjorde gjort)

H

ha ont i	…가 아프다
hade	ha '가지다'의 과거(ha, har hade haft)
hals ~en ~ar	목
halv ~t ~a	절반의
halv två	1시 반
hamburgare [-burjarə] ~n ~	햄버거
han	그 남자
handduk ~en ~ar	수건, 타월
handla ~r ~de ~t	사다, 장보다; ~ om …을 다루다, 취급하다
hans	그의 (han의 소유격)
hastig	급한, 서두르는
hej	안녕, 야, 이봐(비 격식 인사, 영어 hello, hi)
hela	전체의, 모든
helg[helj] ~en ~er	휴일
helt	완전히, 전체로
hemma	집에, 가정에
hemma/man ~nen -män	가사남편, 전업남편
herr ~[e]n ~ar	…씨(남자의 성씨 앞에 붙이는 존칭;영어 Mr.); 신사
heter (heta hette hetat)	~라고 부른다(이름이 ~입니다)
hinna (hinner hann hunnit)	(시간, 장소에) 이르다
hitta ~r ~de ~t	찾다, 발견하다
hon	그 여자
honom	그를, 그에게
hoppas (hoppades hoppats)	희망하다, 바라다

hos	…의 집(댁)에
hosta ~r ~de ~t	기침하다
hundrasjuttifem	175
hur	어떻게, 얼마나
hur dags	몇 시에 (…하느냐?)
hur mycket	얼마만큼
hur många	몇 개나
hur står det till?	어떻게 지내세요?
hus ~et ~	집
huvudstad ~en städer	수도(首都)
huvudvärkstablett ~en ~er	두통약
hyr/a -an -or	집세, 방세
hål ~et ~	구멍
håll/a -er höll hållit	보존하다, 유지하다
hår ~et ~	머리카락
hälsa på	방문하다, 잠깐 들르다
häng/a -er -de -t	매달다, 걸다
här	여기, 여기에
härlig	화창한, 아름다운
häromdagen	일전에, 요전에
hög	'높은' (högre, högst)
högre	☞ hög
höghus ~et ~	고층아파트
högtid ~en ~er	축일, 축제
höj/a -er -de -t	높이다, 올리다
höra (hör hörde hört)	듣다; ~ ifrån …로부터 소식을 듣다
hörn ~et ~	구석, 모퉁이
i hörnet av	…의 모퉁이에
höst ~en ~ar	가을; i höstas 지난 가을에
hösttermin ~en ~er	가을학기

I

i	…에, 에서(장소 전치사)
i morgon	내일
i stället	그 대신에
ibland	때때로, 가끔
ideal[ideˊɑ:l] ~et ~	이상(理想)
igen[ijˊen]	다시
industrˊi ~n ~er	산업(체)
ingen[ˊiŋən] (inget inga)	하나도 …없는, 조금도 …아닌 (아무도, 아무것도 …아니다

ingång ~en ~ar	(건물) 입구, 출입구
inlagda	절여진
innan	…하기 전에
inte	(부정부사) … 아니다, … 않다 (영어 not에 해당)
intresse ~t ~n	흥미, 관심
intresserad av	…에 흥미를 가진
invandrare ~n ~	이민자, 이주민
invånare ~n ~	인구, 주민
irriterad	화가 난
italiensk	이탈리아의

J

ja visst	물론이지요, 그럼은요
jag	나
japán[1] ~en ~er	일본인
Jápan[2]	일본(국명) (위와 강세 위치에 차이)
japanska ~n 0	일본어; ~n ~or 일본여자
jaså	아 그래요
Jesus	예수, 그리스도; Jesus födelse 예수 탄생
jo	아니요(부정의문문에 긍정 대답)
jobb ~et ~	일, 직장
jobba ~r ~de ~t	일하다
jul ~en ~ar	성탄, 크리스마스; vid jul 성탄 때에
julafton ~en julaftnar	성탄전야
julbrev ~et ~	성탄편지
julgran ~en ~ar	크리스마스트리
juli	(불변화 en-명사) 칠월
julklapp ~en ~ar	성탄 선물
julkort ~et ~	성탄카드
julkorv ~en ~ar	성탄소시지
julmat ~en 0	성탄음식
juni	(불변화 en-명사) 유월
just	바로, 딱 맞게
jämnt	딱 맞게, 에누리 없이
järnvägsstation ~en ~er	기차역
Jörgen[jœrgən]	남자 이름

K

kaffe ~t 0	커피
kafferast ~en ~er	커피 휴식

kak/a -an -or	쿠키, 납작하게 구운 빵
kalend/er -ern -rar	달력
kall	추운
kallt	kall 추운, '차가운'의 중성형
kam ~men ~mar	(머리) 빗; (닭) 볏
kamma ~r ~de ~t	(머리, 털) 빗다, 빗질하다
kamer/a -an -or	카메라, 사진기
kan	…할 수 있다(kunna kan kunde kunnat)
kanske[kanʃe]	아마도, 어쩌면
Karin	카린(여자이름)
karl[kɑ:r]	남자, 사내 ([l] 발음나지 않음)
kasta ~r ~de ~t	버리다, 던지다
katt ~en ~er	고양이
kebab[ke-] ~en ~er	구운 양고기 음식
kilo[ç-/k-] ~t, ~/~n	킬로그램의 약어
kiosk[çɔsk/ kiɔsk] ~en ~er	가두판매대 (신문, 담배 등)
kjol[çu:l] ~en ~ar	치마, 스커트
klinˊik ~en ~er	개인(전문)병원
klock/a -an -or	시계, 종, 벨
klä ~r ~dde ~tt	옷을 입히다; ~ sig 옷을 입다
knäckebröd ~et ~	귀리 비스킷
komma(kommer kom kommit)	가까이 오다, 접근하다
kommer från	… 출신이다, …에서 왔다
kommunalskatt ~en ~er	지방세
koncert ~en ~er	음악회, 연주회
konservera ~r ~de ~t	보존하다
kontor ~et ~	사무실
Korea	한국
korean ~en ~er	한국인
koreanska ~n 0	한국어; ~n koreanskor 한국여자
korg[kɔrj] ~en ~ar	바구니
kort	짧은
kortare	kort '짧은'의 비교급
kosta ~r ~de ~t	돈이 들다, 값이 나가다
kram ~en ~ar	포옹
kriminalitˊet ~en 0	범죄행위
kristen	그리스도의, 기독교의
kräft/a -an -or	가재
kräftskiv/a -an -or	가재 회식
kusˊin ~en ~er	친사촌

kvar	남아 있는
kvart ~en ~er	4분의 1; en ~ 15분(1시간의 4분의 1)
kvinn/a -an -or	부인, 여자
kväll ~en ~ar	저녁, 밤
kylskåp[çy:lsko:p] ~et ~	냉장고
kyrk/a -an -or	교회
kär[çæ:r]	사랑스러운, 사랑하는: bli kär i … 와 사랑에 빠지다
kö[kø:]~n ~er	줄, 열
kök[çø:k] ~et ~	부엌
köp/a -er -te -t	사다
kör/a kör -de -t	운전하다
kött[çœt:] ~et 0	고기(육류)
köttdisk[çœt-] ~en ~ar	고기 판매대

L

laga ~r ~de ~t	요리하다; 고치다
lampa ~n lampor	등불, 전구(glöd~)
land ~et länder	나라; 시골
landsbygd ~en 0	시골지역, 전원지대
lapp ~en ~ar	쪽지, 지폐
lax ~en ~ar	연어
led ~en ~er	관절, 마디
ledig	쉬는, 한가한; 비번의
ligga (ligger låg legat)	놓여있다, 위치하다
lillan	꼬마(아이) (애칭)
Linda	여성이름
Lisa	여성이름
Lisbet	여자 이름
lite	약간, 조금
liten	(형) 작은 (mindre, minst)
liter ~n ~	리터(용량 단위)
ljus[1][jʉ:s] ~et ~	빛, 광선, 촛불
ljus[2][jʉ:s]	밝은, 환한
ljusstak/e -en -ar	촛대
lunch[lunʃ] ~en ~er	점심식사
Lundberg	성씨
lur ~en ~ar	수화기, 수신기
lutfisk ~en 0	(잿물에 담궈) 말린 생선
lycklig ~t ~a	행복한
lyfta (lyfter lyfte lyft)	올리다, 들다

lyssna på	…을 듣다
låd/a -an -or	큰 상자, 서랍
låg	낮은 (lägre, lägst)
lån ~et ~	빌림, 대출
lång	긴, (키가) 큰
långfredag ~en 0	성(聖) 금요일
lägga (lägger lade lagt)	놓다, 눕히다;
~ bort	떼어버리다, 치우다; ~ in 절이다
lägre ☞ låg	
läkarbehandling ~en ~ar	의사 진료
läkare ~n ~	의사
lämna ~r ~de ~t	남기다, 맡기다
länge	오래
längesen (länge sedan의 준말)	오래전
längta efter	그리워하다, 동경하다
lärar/e -(e)n ~	교사, 선생
läs/a -er -te -t	공부하다, 읽다
lätt	쉬운, 용이한
lök ~en ~ar	양파

M

mag/e -en -ar	배, 위
magnecyl [maŋnəsˊy:l] ~et 0	해열진통제
man[1]	(일반적) 사람, 우리
man[2] ~nen män	남자, 남편
mass/a -an -or	다중, 다수
mat ~en 0	음식
Mats	남자 이름
matta ~n mattor	양탄자
medan	… 하는 동안에, 반면에
medlem ~men ~mar	회원
men	그러나
mest	가장, 제일
middag ~en ~ar	저녁식사 (영: dinner)
mig[mɛj]	나에게, 나를
miljon ~en ~er	백만
miljˊö ~n ~er	환경
Miljöpartiet	(스웨덴의) 환경당
min	나의
mindre	liten의 비교급

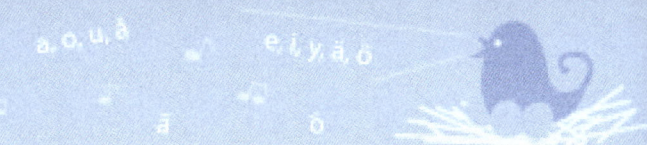

minne ~et ~n	기억, 상기; till minne av …을 기념하여
minst	liten '작은'의 최상급
minut ~en ~er	분(시간); ett par ~ 이삼 분
mitt ~en 0	가운데, 중앙; i mitten av …의 중간에
mjölk ~en 0	우유
modern[mudˊæ:ɳ]	현대의, 현대식
mod ~et 0	용기; ta mod till sig 용기를 내다
mor/far -fadern -fäder	외할아버지
morgonbitti, i ~	내일 아침
morgonrock ~en ~ar	아침가운, 실내복
morse, i ~	오늘 아침에
motionera[mɔʃɷ:nera] ~r ~de ~t	운동하다
mun ~nen ~nar	입
mun-fötter sjukdom	구제역병
musˊik ~en 0	음악
mycket	많은 (mer, mest) (수량, 영어: much)
mynt ~et ~	동전, 화폐
Mälaren	스톡홀름 주변 호수
människ/a -an -or	인간, 사람
må ~r ~dde ~tt	느끼다, (건강)기분이 …하다
måla ~r ~de ~t	칠하다, 그리다
många	많은 (flera, flest) (수효, 영어: many)
måste	(반드시) … 해야 한다
möbel ~n möbler	가구(소파, 책상 따위)
möjlig	가능한
mörk	어두운

N

natt ~en nätter	밤, 야간
natˊur ~en 0	자연
naturligtvis	물론, 당연히
naturreservat ~et ~	자연보호구역
nej	아니요
nitti(o)	아흔, 90
nog	아마도, 어쩌면
Norden	북유럽 제국 (스웨덴, 노르웨이,덴마크, 핀란드, 아이슬란드)
Norge[nˊɔrje]	노르웨이
norska ~n 0	노르웨이 어; ~n ~norskor 노르웨이 여자
norr	북쪽
norrländsk	노를란드 지방의

norr/man -mannen -män	노르웨이 남자
nu	이제, 지금
nu för tiden	요즘에는, 현재는
numera	지금은, 현재는
nummer, numret ~	~ 수, 번호
nyhet ~en ~er	소식, 뉴스
nyheterna	nyhet의 복수정형
någon (något några)	몇몇의, 약간의
något annat	다른 어떤 것
nämn/a -er -de -t	말하다, 언급하다
när	언제; …할 때에
nästa	다음의; ~ vecka 다음주
nästan	거의

O

oartig	불손한, 무례한
obeskrivlig ~t ~a	형언할 수 없는, 표현할 수 없는;
till sin obeskrivlig lycka	형언할 수 없이 다행히도
och	~와(과), 그리고
och så vidare	기타 등등
också	또한, 역시
ofta	자주, 흔히
om	만일 …이라면(접속사); … 주위에(전치사); (시간, 기간) 지나서
ond (형) ont,	나쁜, 사악한(har ont i …가 아프다)
ord ~et ~	단어, 말
orsak ~en ~er	원인, 사유,(ingen ~ 천만에요)
Oslo	노르웨이 수도
ost ~en 0	치즈
ovanlig	예사롭지 않은, 흔치 않은

P

pak´et ~et ~	소포, 꾸러미
pappersägg ~et ~	달걀모양의 종이 곽(부활절에 아이들에게 과자를 담아주는)
par ~et ~	한쌍
paraply ~(e)t/~en, ~er	우산
park ~en ~er	공원
pass ~et 0	교대근무
passa ~r ~de ~t	알맞다, 적당하다; 시간을 지키다
pengar	돈(복수형)
pizz/a -an -or	피자

pjäs ~en ~er	연극, 희곡
planera ~r ~de ~t	계획하다
plats ~en ~er	장소, 곳
plocka ~r ~de ~t	따다, 꺾다
pojk/e -en -ar	소년, 사내아이
pol´is ~en ~er	경찰관
polit´ik ~n 0	정치, 정책
politisk	정치의, 정치적
popmusik ~en 0	팝 뮤직
popul´är ~t ~a	인기 있는, 대중적인
pot´atis ~en ~ar	감자
precis	정확히, 정각에
presentera ~r ~de ~t	소개하다, 제시하다
presenterad för	…에게 소개된(과거분사)
pris ~et ~/(~er)	가격
progr´am ~met ~	프로그램[정보통신]
promenera ~r ~de ~t	산책하다
promenad ~en ~er	산책; ta promenad 산책하다
punsch [-ʃ] ~n 0	펀치(레몬즙, 설탕 등으로 만든 독한 술)
på	… 위에, 에서 (장소 전치사)
på många sätt	여러 방식으로, 여러 면에서
påsk ~en ~ar	부활절
påskaft/on -onen -nar	부활절 전야
påskdagen	부활절 날

R

radio ~n 0	라디오
radioprogram ~met ~	라디오 프로그램
raka sig	면도하다
redan	이미, 벌써
regering[rej´e:riŋ] ~en ~ar	정부, 내각
regna[reŋna] ~r ~de ~t	비가 오다
reparera ~r ~de ~t	수리하다, 고치다
resebyrå ~n ~er	여행사
resebyrå/man -mannen -män	여행사 직원
rik ~t ~a	부유한, 돈 많은
riksdag ~en ~ar	의회
ring/a -er -de -t	전화하다
ris ~et 0	쌀
rockmusik ~en 0	록음악

rolig ~t ~a	즐거운, 재미있는
rom´an ~en ~er	장편소설
rum ~met ~	방
rund, runt ~a	둥근
rätt ~en ~er	요리, 음식
rättighet ~en ~ er	권리
röd (rött, röda)	붉은
rösta ~r ~de ~t	투표하다(på)

S

sakta	천천히
samma	같은, 동일한
sedan	… 이후, 이래; för … sedan … 전에
sekret´erare ~n ~	비서
semester ~n semestrar	휴가; ta semester 휴가를 얻다
senare	뒤에, 후에
sent	늦게
sex	여섯, 6
sida vid sida	나란히
sill ~en 0	청어
sin, sitt, sina	자기의(재귀소유대명사)
sju[ʃʉ:]	일곱, 7
sjuhundra	칠백, 700
sjuk[ʃʉ:k]	아픈
sjukhus ~et ~	병원
sjunga (sjunger sjöng sjungit)	노래하다
själv ~t ~a	자기 자신
sjö[ʃø:] ~n ~ar	바다, 호수
sjösätt/a -er sjösatte sjösatt	배를 바다에 띄우다
ska (skola skulle skolat)	…하려한다(미래조동사 현재)
skada ~r ~de ~t	상처 내다, 다치다
skandináv ~en ~er	스칸디나비아 사람
skatt ~en ~er	세금: 보물
skattesystem ~et ~	세금제도(세제)
skicka[ʃ-] ~r ~de ~t	보내다
skid/a[ʃ-] -an -or	스키
skink/a -an -or	햄, 돼지 허벅다리 살
skinkspad ~et 0	소시지 삶은 물
skog ~en ~ar	숲, 산림
skol/a -an -or	학교

skrev	skriva 쓰다의 과거(skriva, skriver skrev skrivit)
skriva på engelska	영어로 쓰다
skulle	ska의 과거(의도, 약속 서법조동사)
skulle vilja +원형동사	…하고 싶다
skräp ~et ~	쓰레기, 찌꺼기
skärp[ʃ-] ~et 0	허리띠
sluta ~r ~de ~t	끝나다
slut ~et ~	끝, 마침; i slutet av …의 끝 무렵에, …말에
släck/a -er -te -t	(불을) 끄다
släkting ~en ~ar	친척
små	liten의 복수형
småningom,	så ~ 점차, 점점
smör ~et 0	버터
smörgås[스머르고스] ~en ~ar	샌드위치(스웨덴 식)
snabbt	빨리
snart	곧, 쉬이
snygg	멋진, 예쁜
snäll	착한
snöa ~r ~de ~t	눈이 내리다
sola sig	일광욕하다
som	관계대명사(77쪽 참조)
sommar ~en somrar	여름
sommarlov ~et ~	여름방학
sommarstug/a -an -or	여름집
son ~en söner	아들
sopp/a -an -or	스프, 고기국물
sovbiljett ~en ~er	(기차)침대권
sovvagn [so:vvaŋn]	'쏘브방느' 침대칸
speciellt	특별히
spela ~r ~de ~t	연주하다, 운동경기를 하다
springa (springer sprang sprungit)	뛰다, 달리다
stad ~en(stan) städer	도시
stanna ~r ~de ~t	서다, 정지하다
stekt	☞ steka의 과거분사
stek/a -er -te -t	고기를 굽다
stiga upp	일어나다 (stiger steg stigit)
stjärn/a[ʃæ:ɳa] -an -or	별, 항성
Stockholm	(스웨덴의 수도) 스톡홀름
stol ~en ~ar	의자, 걸상
stoppa ~r ~de ~t	정지시키다, 중단시키다

stor (större, störst)	큰, 커다란
strand ~en stränder	해변가
stug/a -an -or	오두막집, 시골의 작은 집
student ~en ~er	(대학)학생
stycke ~t ~n	부분, 조각, 단편
stå tll tjänst med	…에 봉사하다, 돕다
stång ~en stänger	작대기, 장대
städa ~r ~de ~t	청소하다
ställe ~t ~n	장소, 곳; i stället 대신에
stäng/a -er -de -t	문을 닫다, 폐쇄하다
större	☞ stor
störst	☞ stor
surströmming ~en ~ar	발효시킨 청어
svamp ~en ~ar	버섯
svara ~r ~de ~t	대답하다
svensk[1] ~en ~ar(명)	스웨덴인, 스웨덴 남자
svensk[2](형)	스웨덴의
svenska[1] ~n 0	스웨덴어
svenska[2] ~n svenskor	스웨덴 여자
svenskarna	svensk '스웨덴 인' 복수정형
Svensson	가장 흔한 성씨 중의 하나
Sverige[svˊærjə]	스웨덴(국명)
svår ~t ~a	어려운, 힘든
sy ~r ~dde ~tt	바느질 하다. 재봉하다
Sydamerika	남미(南美)
synda sig	서두르다
syra ~r ~de ~t	시게 만들다
syssla ~r ~de ~t	일하다, 종사하다
syst/er -ern -rar	여자형제, 자매
så (부)	그래서, 그리하여
så att (접)	그래서, 그리하여
så … som möjligt	될 수 있는 대로 …하게
så ~ att	…해서 …하다
säg/a[sˊɛjˋa] -er sade sagt	말하다
sällan	드물게; 전혀 … 아니다
sällskap ~et ~	동행; i sällskap 동행하여
sämre	dålig '나쁜'의 비교급
säng ~en ~ar	침대
sätt ~et ~	방식, 수단; på det sättet 그런 방식으로
sätta på	(라디오, 스위치) 틀다, 켜다

söder	남쪽
Söderlunds	쇠데르룬드 씨 가족(* 성씨에 -s를 붙이면 가족을 뜻함)
söndag ~en ~ar	일요일
söt	예쁜

T

ta, tar tog tagit	가지다, 취하다
ta på sig	옷을 입다
tabl´ett ~en ~er	알약
tack ~et(~en) ~	감사, 고마움
tacka ~r ~de ~t	감사하다
tak ~et ~	천장, 지붕
tal ~et ~	수, 수효; på 1400-talet 1400년대에
tand ~en tänder	이, 치아
tandläkare ~n ~	치과의사
tavla ~n tavlor	(액자) 그림
taxi ~n 0	택시
telefon/nummer -numret -nummer	전화번호
tenn´is ~en 0	정구, 테니스
tid ~en ~er	시간, 때
tidig	이른
till	… 에게, …에(맞추어)
till och från	왕복, 오가는 데에
tillbaka	뒤로
tillsammans	함께, 같이
tillökning ~en ~ar	증가, 증원
titel ~n titlar	직함, 칭호
tittar på	…을 보다, 응시하다
tjuv[çʉ:v] ~en ~ar	도둑
tjänst ~en ~er	봉사, 직, 서비스
tom´at ~en ~er	토마토
tomt ~en ~ er	대지, 터, 땅
tomt/e -en -ar	산타클로스(jul~)
Tore	남자 이름
torg[tɔrj] ~et ~	광장
torka ~r ~de ~t	말리다, 건조시키다
torsdag ~en ~ar	목요일
tradit´ion ~en ~er	전통, 관습
tradition´ell	전통적, 전통의
trapp/a -an -or	계단

trevlig	기분 좋은, 즐거운
tro ~r ~dde ~tt	생각하다, 믿다
tråkig ~t ~a	지루한
träd ~et ~	나무
träffa ~r ~de ~t	(타동사) 만나다; 맞히다
träffa/s -s -des -ts	(상호동사) (서로) 만나다
trött	피곤한
tunnbröd ~et 0	효모가 없는 얇은 보리빵
tunnelban/a -an -or	지하철
turkisk	터키의
två	둘, 2
tvåhundra	이백, 200
tvätta ~r ~de ~t	씻다, 빨래하다
tyck/a -er -te -t	…라고 생각하다, 여기다
tycker om (att)	…을 좋아하다
typisk	전형적, 대표적
tyst	조용한, 정숙한
tåg ~et ~	기차
tårt/a -an -or	케이크
tända (tänder tände tänt)	불을 켜다
tänk/a -er -te -t	생각하다; ~ på …에 대해 생각하다

U

under	… 아래; … 기간 중에
underbar	경이로운, 멋진
undra ~r ~de ~t	궁금하다, 궁금해 하다
ung	어린, 젊은
ung/e -en -ar	어린애, 새끼
ungefär[unjəfˊæ:r]	약, 대략
uppmärksamhet ~en 0	주의, 관심
Uppsala	스웨덴 중부 도시(웁살라대학으로 유명)
uppståndelse ~n ~r	부활
ursprungligen	원래, 본디
ursäkt ~en ~er	사과, 변명
usch	(감탄사) 에이 참
utanför	… 밖에, 교외에
ute	밖에
utland ~et 0	외국(보통 정형으로 쓰임 utlandet)
utmärkt	썩 좋은, 우수한
utsikt ~en ~er	조망, 전망

utveckling ~en ~ar	발전, 발달

V

vacker (vackrare vackrast)	아름다운
vackrast	vacker '아름다운'의 최상급
vad	무엇; ~ för språk 무슨 언어로
vakna ~r ~de ~t	잠이 깨다, 일어나다
val ~et ~	선거, 투표
vandra ~r ~de ~t	거닐다
vanlig ~t ~a	일반의, 보통의
var	어디에; vart 어디로
var ☞ vara	
vara (är var varit)	…이다, 있다
varandra	서로
varför	왜, 무슨 이유로
varg[varj] ~en ~ar	늑대
varit ☞ vara	
varje	매, …마다, 각각
varken, ~ … eller …	…도 아니고 …도 아니다.
varm	따뜻한, (음식, 목욕물이) 뜨거운
varsågod	자, 어서(영: please)(무엇을 권하거나 건넬 때)
veck/a -an -or	일주일(7일간)
vem	누가, 누구를
verkligen	정말로, 실제로
veta (vet visste vetat)	알다
vi	우리들은(1인칭 복수 주격)
vid	(장소) …에서, …의 곁에서; (시간대) …때, 쯤 ~ sextiden 6시쯤
vidare	더 멀리, 한층 더; och så ~ 기타 등등
viktig	중요한
vild	야생의, 거친
vilja (vill ville velat)	…하기 원하다(바라다)
vill ☞ vilja	
vint/er -ern -rar	겨울; i vintras 지난겨울에
visst	틀림없이, 분명히, 물론
vit (vitt vita)	하얀
våga ~r ~de ~t	감히 …하다
våning ~en ~ar	아파트, 층
vår[1] ~en ~ar	봄, 봄철
vår[2]	우리들의(소유대명사 1인칭 복수)

våras	i ~ 지난 봄에
vårsöndag ~en ~ar	봄날 일요일
väckarklock/a -an -or	자명종
väck/a -er -te -t	깨우다(väck 명령형)
väd/er -ret ~	기후, 날씨
väderleksrapport ~en ~er	일기예보
vägg ~en ~ar	벽
väl	어쩌면(116)
välkommen	환영하는
vän ~nen ~ner	친구, 벗
vänta ~r ~de ~t	기다리다
värld [væ:ɖ] ~en ~ar	세계, 세상 (l 소리 나지 않음)
väsk/a -an -or	가방, 백
väx/a -er -te -t	성장하다, 자라다

Y

yngre	ung'어린, 젊은'의 비교급

Å

åk/a -er -te -t	타고 가다
åld/er -ern -rar	나이, 연령
Åke	남자 이름
åt	…쪽으로, …향해서
åtta	여덟, 8
åttio	여든, 팔십(80)

Ä

äg/a -er -de -t	소유하다
ägg ~et ~	알, 달걀
äkta	진짜의
äldre	gammal의 비교급
än	… 보다(비교급과 함께)
ändra ~r ~de ~t	바꾸다, 고치다
ändå	그래도, 여전히
är (vara är var varit)	…이다, 있다 (vara 의 현재형)
äta (äter åt ätit)	먹다
ärtsoppa ~n 0	완두콩과 돼지고기를 넣은 수프
ättika ~n 0	식초

Ö

öga ~t ögon	눈(얼굴의)
ögonblick ~et ~	순간, 찰라, **ett ögonblick!** 잠깐만(기다리세요)
ögonkast ~et ~	일견, 얼핏 봄, 시선
öl ~et 0	맥주
önska ~r ~de ~t	기원하다, 빌다
över	…위에, 넘어서
övermorgon	i ~ 모레
övernatta ~r ~de ~t	밤을 지내다, 유숙하다